Weihnachtsgeschichten

Walt Disney Lustiges Taschenbuch

Comic Collection
EGMONT

Inhalt

„Lustiges Taschenbuch Hardcover Edition: Weihnachtsgeschichten – Band 8“

Ursprünglich erschienen als „Lustiges Taschenbuch Weihnachten 19 – Sonderband“

Erschienen in der
Egmont Comic Collection
verlegt durch Egmont Verlagsgesellschaften mbH,
Alte Jakobstr. 83, 10179 Berlin

1. Auflage
Verantwortlicher Redakteur: Fabian Gross
Gestaltung: Wolfgang Berger
Koordination: Angelika Schönhuber
Printed in the EU
ISBN 978-3-7704-0174-1

www.egmont-shop.de
www.egmont-comic-collection.de
www.lustiges-taschenbuch.de
@egmont_comic_collection

Tea Orsi (Story), **Emilio Urbano** (Zeichnungen)

Oh! Schau, Donald! Da ist ein Päckchen für dich gekommen!
Sieht aus wie die Verpackung von einem Schmuck-stück.
Das wird ein Werbege-schenk sein.
Eher unwahrscheinlich! Es liegt ein hand-beschriebenes Herz bei!
Zeig her, das gibt's doch nicht!
Gibt es wohl!
Glb! Und wer ist „K"?
Mein Herz und meine Liebe sind dein! K.
Die Frage sollte eher ich stellen. Und zwar dir!
Aber...
Was? Ein Herz aus sündteurem Kristallglas?
...

Das verlangt nach einer Erklärung. Und ich auch! Also raus mit der Sprache: Wer hat dir das Teil geschenkt?
Keine Ahnung!
Vielleicht hab ich ja eine heimliche Verehrerin, von der ich nichts weiß?
Komm mir bloß nicht auf die komische Tour!
Ruf mich an, wenn du dich dazu durchgerungen hast, mir die Wahrheit zu sagen!
Warte, Daisy, ich sollte doch die Geschenke für dich tragen!
Pfah! Dazu bin ich sehr wohl alleine in der Lage!
Was? Das hätte sie auch früher sagen können.
Ich möchte bloß wissen, wem ich den Schlamassel zu verdanken habe!
Ähm... Verzeihung.
Mein Herz meine Liebe sind dein! K.

Ich fürchte, ich bin der gesuchte Schuldige.
Sie sind „K“?
Kevin Karl Kasimir von Krampfiger! Sehr angenehm!
Nicht übertreiben. Verraten Sie mir lieber, wieso ich dieses Geschenk von Ihnen in meinem Briefkasten vorfinden musste!
Das war meine Freundin. Eigentlich hatte ich das Päckchen in ihren Briefkasten gesteckt.
Und sie wollte es nicht haben?
Elisa hasst Geschenke. Dabei wollte ich ihr eine Freude machen an unserem ersten gemeinsamen Weihnachten!
Der kann einem leidtun!
Konnte ich das ahnen? Jetzt will sie mich nie wiedersehen! **Buhuuu!** Was soll ich bloß tun?
Ich helfe Ihnen!
Ja? Wie?
Ich sorge dafür, dass sie Ihnen verzeiht!

Das wird aber nicht leicht! Elisa neigt ein wenig zum, äh... Eigensinn.
Keine Bange, mein Bester, ich habe einschlägige Erfahrung mit willensstarker Weiblichkeit.
Und ich habe eine Idee für einen Auftritt, der die Dame weihnachtlich milde stimmen wird!
BLINZEL!
Wenig später...
Darf man auch wissen, was Sie darstellen wollen?
Einen Gnom aus dem Gefolge des Weihnachtsmannes natürlich!
Aufgrund der Mütze und des Jäckchens hätte ich eher auf einen Elf getippt.
Elf oder zwölf, das ist doch Jacke wie Beinkleid.
Gehen wir lieber noch mal meinen unfehlbaren Plan durch!
Gut!

Also, erst gehen wir zu Elisas Haus in der Edelweißgasse und klingeln an der Klingel, an der Eisblum steht, so heißt Elisa nämlich mit Nachnamen. Dann warten wir, bis sie uns aufmacht und...
Hmpf.
Wenn Sie so weitermachen, sind wir an Silvester noch nicht fertig!
Verzeihung! Ich wollte nur ganz genau sein.
Wichtig ist, dass Sie in meiner Nähe sind, ohne sich zu zeigen!
Damit ich Ihnen falls nötig einen Rat geben kann, richtig?
Absolut.
Dann rate ich Ihnen, den Weihnachtsmann nicht zu erwähnen. Den kann Elisa nicht ausstehen!
So...
Hoffentlich haut es wirklich hin.
Sobald das hier gelaufen ist, erkläre ich Daisy die Sache mit dem Geschenk!

Bitte? Sie wünschen?
DING! DING! DILING!
Ich wünsche frohe Weihnachten, Fräulein Eisblum!
Und ich gratuliere, dass die Weihnachtswichtel GmbH Sie unter Tausenden von Mitbewerbern ausgewählt hat!
Ausgewählt? Warum? Wofür?
Für eine kostenlose Beratung seitens eines fähigen Berufselfs! Der bin ich.
Was?
Ich werde Ihnen helfen, ein perfektes Weihnachtsfest mit allen Schikanen zu gestalten!
Kein Interesse.
RUMMS!
Glb!

Das hat jetzt aber nicht geklappt, Herr Duck, oder?
...
Ihre reizende Verlobte zeigt in der Tat eine gewisse Sturheit.
Wem sagen Sie das. Seufz!
Und wie wollen wir nun weiter vorgehen?
Ich dachte, Sie seien hier für die Ratschläge zuständig?
Aber ich sage Ihnen was!
So stur wie die junge Dame bin ich schon lange! Schnaub!
Oh!
Daher...

Schon wieder Sie? Hab ich nicht deutlich genug gemacht, dass ich kein Interesse an Ihrem Angebot habe?
Ich halte es für denkbar, dass Sie Ihre Meinung ändern, Gnädigste.
Tatsächlich? Warum sollte ich das tun?
Ganz einfach.
Weil ich widrigenfalls den Finger nicht mehr von Ihrer Klingel nehmen werde.
Aha!
Außerdem werde ich hier Wichteltänze aufführen und fragwürdige Gedichte rezitieren!
Schon gut! Ich hab's kapiert!
Ich komme mit. Aber danach lassen Sie mich in Ruhe!
Na bitte! Wir Berufselfen von der Weihnachtswichtel GmbH haben gelernt, wie man die Kunden auch gegen ihren Willen glücklich macht!
Absolut unglaublich!

Wenig später...
Und da sind wir auch schon!
KONDITOREI KERNIG
Was denn? Sie schleppen mich in eine Konditorei?
Ich denke, bevor wir zum Shopping gehen, kann eine kleine Stärkung nicht schaden.
Was?
O nein! Wie grauenvoll!
Ich weiß, ich weiß! Unter all diesen Köstlichkeiten eine Wahl zu treffen ist die reinste Qual!
Das habe ich nicht gemeint. Ich weiß schon, was ich nehme.

So ein Küchlein will ich!
Aber...
...die muss ich erst noch dekorieren!
So was!
Eben!
Manche Leute glauben, es schmeckt besser, wenn es bunt ist! Wie naiv!
Ehrlich gesagt gehöre ich auch zu diesen Leuten.
Was kann man erwarten von jemandem, der sich Berufself schimpft?
So was von Beißzange!
Dann...
Und wohin soll es jetzt gehen?
Abwarten! Es wird Ihnen bestimmt gefallen!
Die Entenhausener lieben bekanntlich ihren Megamarkt zur Weihnachtszeit.

Doch...
FROHE WEIHNACHTEN
BONBONBAR
Ich traue meinen Augen nicht! Wo um alles in der Welt sind wir denn hier gelandet?
Wollen Sie allen Ernstes behaupten, dass Sie noch nie hier waren?
Beeindruckend, nicht? Man kann sich kaum sattsehen!
O ja! Ich hasse solche Orte!
Ich bin völlig fertig. Sie entschuldigen mich, ich muss mich etwas erfrischen.
Aber Beeilung! Sonst verschwinde ich!

Wenn ich nicht gleich etwas Dampf ablasse, platze ich!
WC
WEIHNACHTS-MÄNNER
WC
FEEN
Ihre Verlobte ist unausstehlich, Kevin!
Aber es läuft doch bestens!
Machen Sie Witze?
Na ja, seit Elisa mit Ihnen unterwegs ist, hat sie noch mit niemandem Streit angefangen!
Machen Sie weiter so, Herr Duck, dann ist sie spätestens bis heute Abend die gute Laune in Person!
Hmm.
PATSCH!
Bleiben Sie mir bloß vom Leib!
Ups! Mir schwant nichts Gutes.
WC
WEIHNACHTS-MÄNNER
Ich will Ihre dämliche Weihnachtsgabe nicht haben, klar?
Ui! Ich glaube nicht, dass mir diese Entwicklung gefällt!

Das ist erst der Anfang...
Es kann doch nicht sein, dass Ihnen kein Einziger davon zusagt!
Warum nicht? Ich verabscheue all das von Herzen!
Dann lassen Sie uns da reingehen und Geschenke kaufen!
Ich mache nie Geschenke.
GESCHENKE
BONBONBAR
Aha. Wie wäre es mit einem Weihnachtstee?
TEESTUBE
Ich trinke ausschließlich Leitungswasser!
Ihr wisst schon, dass das nicht der echte Weihnachtsmann ist, ja?
O nein!

Du, Mama, ich mag den Onkel nicht! Fahren wir zum echten Weihnachtsmann nach Lappland?
Wer hat dir das gesagt?
Machen wir, dass wir weg-kommen!
Gut, der Ausflug war lang genug! Ich will nach Hause!
Gleich!
Aber zuerst hören wir uns noch ein paar schöne Weihnachts-lieder an!
Das hat mir noch gefehlt. **Seufz!**
Jingle bells, jingle bells, jingle all the way...
Dabei geht einem doch das Herz auf, nicht wahr?
Was?
Japs!
Die Dinger hab ich in der Weihnachts-zeit immer griffbereit.

Ich geb's auf! So viel Sturheit hält nicht mal ein gestandener Berufself aus.
Was?
Ich sage, ich schmeiß den Bettel hin! Basta! Wir gehen nach Hause!
Urks!
Keine Ahnung, was das Ganze sollte, aber ich bin froh, dass es vorbei ist.
Tut mir leid!
Seufz!
PARK
Ich hab ja von vornherein geahnt, dass es sinnlos ist.
KRICKS!
Elisa wird mir niemals verzeihen.

Bald...
Für Weihnachtsbäume können Sie sich natürlich auch nicht begeistern?
Ich...
CHRIST-BÄUME
AB HEUTE IM SONDER-ANGEBOT!
Schon gut! Kein Grund, wütend zu werden! Ich bin außer Dienst!
Aber wer wird denn wütend?
Dieser Baum gefällt mir zum Beispiel sehr!
Aber der ist doch noch nicht mal geschmückt!

Für mich schon! Er ist geschmückt mit wunderschönen Erinnerungen!
?
Hier, unter diesem Baum, hatte ich mein erstes Stelldichein mit meinem Verlobten Kevin. Das war vor genau einem Jahr an Weihnachten.
„Es war wirklich unbeschreiblich romantisch..."
Wollen wir ins Kino gehen? Da läuft: „Eine Weihnachtsgeschichte"!
Ich würde mir lieber „Zombiealarm zehn" reinziehen!
Und was ist heute mit Kevin?
Nichts mehr! Wir haben gestritten, weil er alles vergessen hat! Das gemeinsame Lachen, die romantischen Spaziergänge im Mondschein.
All die Geschenke und Dekorationen lenken doch nur von dem ab, was zählt zwischen zwei Liebenden!
Jetzt wird mir einiges klar!

Aber ich fürchte, das wird Kevin nie verstehen.
Es sei denn, ein begnadeter Berufself biegt es dem jungen Mann behutsam bei!
Ganz im Ernst?
Sicher! Mein Auftrag lautet, Ihnen eine unvergessliche Weihnacht zu bescheren!
So...
Bis bald!
Das ist doch Donald!
AB HEUTE IM SONDER
Hrmpf! Anstatt vor mir zu Kreuze zu kriechen, treibt er sich mit einer fremden Frau herum. Verkleidet als Elf! Das ist weder nett noch normal.
Das muss diese geheimnisvolle „K" sein! Die knöpfe ich mir vor!

Sagen Sie, wie komme ich dazu, im Briefkasten meines Verlobten ein Geschenk von Ihnen vorzufinden?
Was?
Behaupten Sie nicht, Sie wüssten nichts von diesem Herzen aus Kristall!
Ach so! Sie meinen das Geschenk, das ich von meinem Verlobten Kevin bekommen habe?
Wie? Kevin? Wer ist denn das nun wieder?
Vielleicht ist es besser, wenn ich Ihnen die ganze Geschichte erzähle.
Daher...
...und dieser umtriebige Berufself ist also Ihr Verlobter, Daisy?
Ja! Und offenbar war er rührend darum bemüht, Ihrem Verlobten aus der Patsche zu helfen!
In die er sich selber geritten hat! Er weiß doch inzwischen genau, wie ich über Geschenke denke!
Schön und gut! Aber wie können Sie deshalb nur böse auf den armen Kerl sein?
Das alles war vielleicht ein wenig gedankenlos von Kevin, aber trotzdem ein Zeichen seiner Liebe!
Mag sein. Na gut, dann will ich ihm noch mal verzeihen!

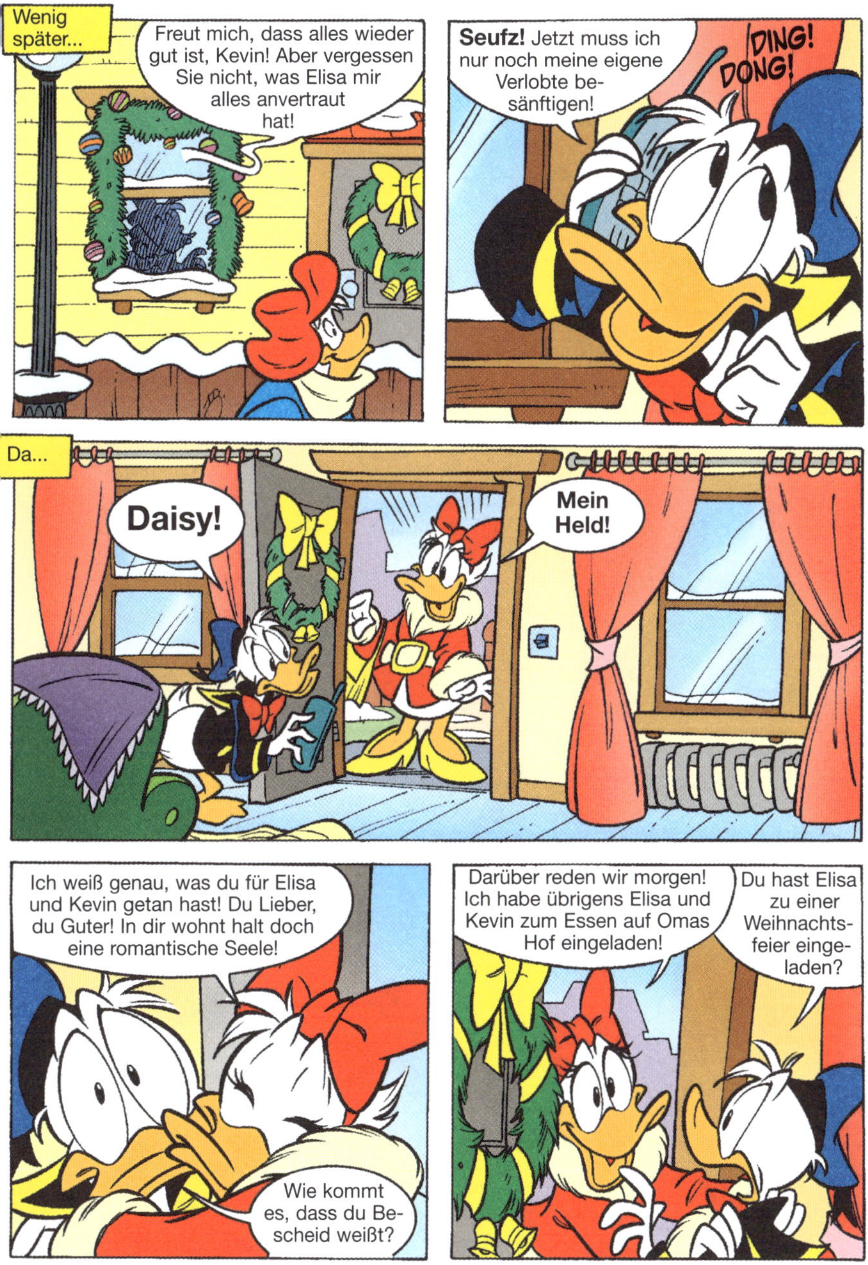
Wenig später...
Freut mich, dass alles wieder gut ist, Kevin! Aber vergessen Sie nicht, was Elisa mir alles anvertraut hat!
Seufz! Jetzt muss ich nur noch meine eigene Verlobte besänftigen!
DING! DONG!
Da...
Daisy!
Mein Held!
Ich weiß genau, was du für Elisa und Kevin getan hast! Du Lieber, du Guter! In dir wohnt halt doch eine romantische Seele!
Wie kommt es, dass du Bescheid weißt?
Darüber reden wir morgen! Ich habe übrigens Elisa und Kevin zum Essen auf Omas Hof eingeladen!
Du hast Elisa zu einer Weihnachtsfeier eingeladen?

Am nächsten Tag, auf Oma Ducks Hof...
Ich hab nicht damit gerechnet, dass hier alles weihnachtlich geschmückt ist!
Sagen Sie das Daisy!
Ich gebe zu, dafür hat meine Fantasie nicht gereicht.
Das kann ja ein unterhaltsamer Abend werden.
Könnten wir nicht die Zierdecke vom Tisch nehmen und die Dekoration von den Häppchen? Und dann wär's gut, wenn wir den Baum abschmücken und die Kerzen löschen würden! Und all die überflüssigen Geschenke... bla, bla, bla...
Gute Güte!
ENDE

Davide Costa (Story), **Ottavio Panaro** (Zeichnungen)

Gehen Sie bis zur Kreuzung und folgen Sie dem Kakaoduft. Dann können Sie es nicht verfehlen.
Danke sehr!
Schönen Tag noch.
Und nun wieder an die Arbeit.
Kurz darauf...
Die passen aber gut zu-einander.
Äh... tut mir leid, wenn ich Sie stören muss, aber...
GOOFY
Kein Problem! Worum geht es denn?
Können Sie uns sagen, wo man hier heiße Schokolade trinken kann?
Ganz in der Nähe. Nur die Straße hoch, dann links abbiegen und immer schön der Nase nach.
Danke!

Ein Tässchen heiße Schokolade könnte ich jetzt auch gut vertragen, aber zuerst...
...werde ich mein Werk vollenden.
Wenig später...
Geschafft! Ihr seid ein hübsches Quartett.
Brrr! Es frischt mehr und mehr auf.
Der Wind könnte ihnen schaden.

Und so...
Hmpf!
TSCHACK!
Puh! Fein! Ich glaube, so ist es besser.
Man möchte sich glatt dazu-setzen.
Aber ich gehe doch lieber ins Haus und sorge dafür, dass ich endlich was Warmes in den Magen bekomme.
!
KLACK!

KLACKER!
RUCKEL!
KNIRSCH!
Nichts zu machen! Die Tür hat sich verklemmt und Hilfe kann ich frühestens morgen rufen.
Na, aber dafür mangelt es mir wenigstens nicht an guter Gesellschaft. Hihi.
ENDE

Gaja Arrighini (Story), **Giorgio Cavazzano** (Zeichnungen)

„Es gab jedes Mal Speisen, die ich nie mehr vergessen werde...“
Eine Schokobombe! Wer traut sich zu, sie zu entschärfen? Hihihi!
TICK! TACK! TICK! TACK!
Mjam! Ich, Frau Großmutter!
Ich bin zwar pappsatt, aber ich werde es ebenfalls wagen.
„Oder die...“
Ravioli in einer...
...Spezialkäsesahnesoße.
Aaah!
Die duften himmlisch!
„Oder auch...“
Apfeltorte à la Schneewittchen! Die ist zwar zuckersüß... aber garantiert keine Spur giftig. Hihi!
Kann ich was helfen, Frau Großmutter?
Wenn du magst, dann nimm mir das ab.

Mampf!
Na, mir ist offenbar entfallen, was du unter Hilfe verstehst. **Hihihi!**
PAFF!
Ich geh schon.
Lecker, das Brot.
SCHRILL!
Tag, Dagobert! Wie? Nein, ich habe noch nichts zubereitet, ich bin erst einmal dabei, die Zutaten...
Verstehe. Na gut, wenn es unbedingt sein muss... Ja, dann bis später.
Kurz darauf...
Franz, wir haben da ein Problem.
Wie? Ist die Salami alle?
Nein. Es ist so: Dagobert hat gerade angekündigt, dass er einen sehr wichtigen Geschäftspartner mitbringen möchte und...

Wir haben doch genug Platz, oder?
Um die Tischordnung geht es auch nicht, sondern um die Gerichte.
Äh... was soll das heißen?
Dagobert möchte, dass ich nur makrobiotische Gerichte zubereite.
Makrobiotisch? Aber...
Statt Fleisch gibt es Tofu. Und statt der Kroketten...
...Algen, die schonend im eigenen Saft angedünstet werden.
Argh!
WUMPS!
Komm zu dir, Franz...
?

...ich hab einen Käsekuchen für dich gebacken.
Uuh! Oooh! Hm?
Tun Sie mir das nicht an, Frau Groß-mutter. Wenn dieser Gast unbedingt ma-krobiotisch essen will, dann kochen Sie so was eben für ihn...
...nur bitte nicht für mich.
Aber, Franz. Herr Bao Bing ist nicht an unser Essen gewöhnt...
...und so ein Fest-mahl dient doch vor allem der Geselligkeit.
Ganz genau! Knurps!
Denken Sie doch auch einmal an die anderen Gäste. Ich glaube kaum, dass die für glibberige Algen und faden Sojaquark zu begeistern sind.
Wenn Sie's nicht für mich tun, tun Sie's für sie!
Hören wir erst einmal, was sie dazu sagen.

Und so...
Ich finde das eine tolle Idee! Nach Weihnachten esse ich gerne gesund.
VANILI
Habt ihr was dagegen, dass Oma an Silvester Algen serviert?
Nö! Algen sind doch total abgefahren.
Makro... wie war das? Äh... klar, kenn ich das. Das ist doch dieses... äh... ich bin jedenfalls dafür.
Und...
Du hast es gehört, Franz.
Nein! Gar nichts! Keine einzige Silbe!
Komm schon, Franz, es ist doch nur ein Essen.
?!
Aber, Frau Großmutter! Das ist nicht nur ein Essen, das ist das **Festessen des Jahres!**

Grmbl! Mir kocht gleich die Galle über! Es gibt schließlich Zeiten zum Schmau- sen...
RUMMS!
...und Zeiten zum Arbeiten! Ich werde Herrn Duck Bescheid stoßen! Er soll gefälligst seine...
ZISCH!
...Arbeitszeiten aus meinen Mahlzeiten heraushalten! Wo kommen wir da sonst hin?
Armer Franz! Ich kann ihn wirklich gut verstehen.
Man beruhigt sich allmählich...
Oh! Ich glaube, ich bin in meiner Wut in die falsche Richtung gelaufen... schnüffel! Was ist das für ein köstlicher Duft!
So ein Zufall! Das ist die beste Konditorei von...
KONDITOREI KARL KALORO

...ganz Entenhausen! Wenn das kein klarer Wink des Schicksals ist. **Haha!**
Ein paar Creme-schnittchen werden meinen Nerven sicher guttun... **ups!** Augenblick mal!
Ich hab ja gar kein Geld dabei... **uff!**
„Oh! Was sehe ich da?“
Die Königin aller Torten kommt auf mich zu-geschwebt! Dahinter kann nur...
KONDITOREI KARL KALORO
GNIEK! GNIEK!

...der Weihnachtsmann persönlich stecken! So ein Glück!
Doch da...
Ups!
ZIPP!
Aaaah!
WITSCH!
O neiiin!
Ich rette dich!
WUPP!
Juhu! Sie ist heil!

Uff! Ich hätte mir nie verziehen, wenn ich sie nicht aufgefangen hätte.
Vielen Dank! Ich danke Ihnen von ganzem Herzen!
Wie?
Sie haben soeben einen Teil meines sagenhaften Silvester-buffets gerettet.
Herr Klever?!
Tja, tut mir leid, dass ich nicht der Weihnachtsmann bin.
Anwantzer ist leider er-krankt. Daher muss ich die Torte selbst abholen, obwohl ich in solchen Dingen völlig ungeübt bin.
Seufz! Ich gar nicht... lechz!

So! Das wäre geschafft.
Leider!
FLUPP!
Ich weiß sehr wohl, dass Sie Torten lieben, Franz...
...nur leider kann ich Ihnen kein Stück davon anbieten. Obwohl Sie es redlich verdient hätten.
Klar, die ist ja für Ihren Festschmaus.
Dann viel Spaß dabei.
Kommen Sie doch einfach auch. Das Buffet wird in meinem Luxushotel stattfinden, wo ich die Spitzen der Entenhausener Gesellschaft erwarte.
Mjam!
Dann können Sie nach Herzenslust von der Torte und vielen anderen Köstlichkeiten naschen...

...für deren Zubereitung ich den besten und berühmtesten Koch Entenhausens gewinnen konnte.
Super!
Das wäre wirklich zu schön, aber...
Aber?
Ich kann nicht. Ich muss leider auf dem Hof bleiben.
Wohl wegen Frau Duck, wie? Ich verstehe.
So ein Pech! Na, immerhin gilt sie doch als hervorragende Köchin.
Ja, aber nicht, wenn sie mit Algen kocht.
Mal unter uns, hinter dieser Entgleisung steckt doch sicher der alte Duck, oder?
Allerdings! Schon wenn ich seinen Namen höre, könnte ich aus der Haut fahren!

POFF!
Nur die Ruhe! Wut verdirbt den Appetit.
Wer bist du und was willst du?
Ich will dir helfen! Nimm doch einfach Klevers Einladung an.
Meinst du?
Es ist schließlich dein gutes Recht, dort zu essen, wo es dir schmeckt, Franz.
Und die Verwandtschaft?
Weihnachten mit den Deinen, Silvester mit den Freunden.
War das nicht eher Ostern?
POFF!
Sagten Sie gerade etwas?
Ja! Ich nehme Ihre Einladung mit Freuden an.
Sehr gut! Dann bis später, Franz!

Zurück auf dem Hof...
GNIEKS!
Du bist wieder da, Franz? Dann wird es ja doch noch ein schönes Fest.
Aber ohne mich, fürchte ich.
Wieso das denn?
Klaas Klever hat mich zu seinem Silvesterbuffet eingeladen. Bei ihm gibt es traditionelle Gerichte.
Hm... verstehe.
Ich hoffe doch, Sie sind nicht böse auf mich, Frau Großmutter?
Ach, woher denn! Es heißt doch, der Magen lässt sich nichts sagen.
Außerdem steht es dir frei zu tun, was immer du magst.

Also geh ruhig zu diesem Fest- essen.
Danke! Ich gehe nach oben und ziehe mich um.
Er wird mir heute Abend trotz- dem fehlen, der Gute... seufz.
Und...
Bestens! Der dehnbare Smoking passt mir immer noch wie angegossen.
Er ist so geschneidert, dass er sich während des Schmausens mühelos der Weite meines Magens anpassen kann.
Ich muss schon sagen, eine großartige Erfindung von Frau Großmutter. Wenn ich sie nicht hätte...
POFF!
Werd nicht rührselig, sonst kommst du noch zu spät.
Schon gut! Gehen wir!

Ich werde um Punkt Mitternacht anrufen und Ihnen ein frohes neues Jahr wünschen.
Tu das! Und lass es dir schmecken, Franz.
WRRR!
DÜD! DÜD!
WRRR!
Der eine fährt...
WRRR-RR!
...während andere...
WROMM!
...versuchen, den Hof zu erreichen.
He! Was ist denn los, Baptist?
WRRRRRR!
DD 01
Ich fürchte fast, Chef, wir stecken im Schnee fest.
DD
O nein!

In meinem Land würde es kein so teures Automobil wagen, seinen Herrn zu Fuß gehen zu lassen.
So? Äh... verstehe. Dann...
...müssen wir eben wohl oder übel in meinem protzigen Wagen sitzen bleiben.
Oh, es wird Hilfe kommen.
Ehrlich gesagt sehe ich da leider schwarz.
Ach ja? Ich hingegen sehe rot.
Es tut mir aufrichtig leid, aber...
Ich spreche von diesem Vehikel.
TUCKER!
Oh! Herr Duck! Und wer ist das?
Franz, du?
Ich bin Bao Bing. Ich grüße Sie, werter Herr Franz.

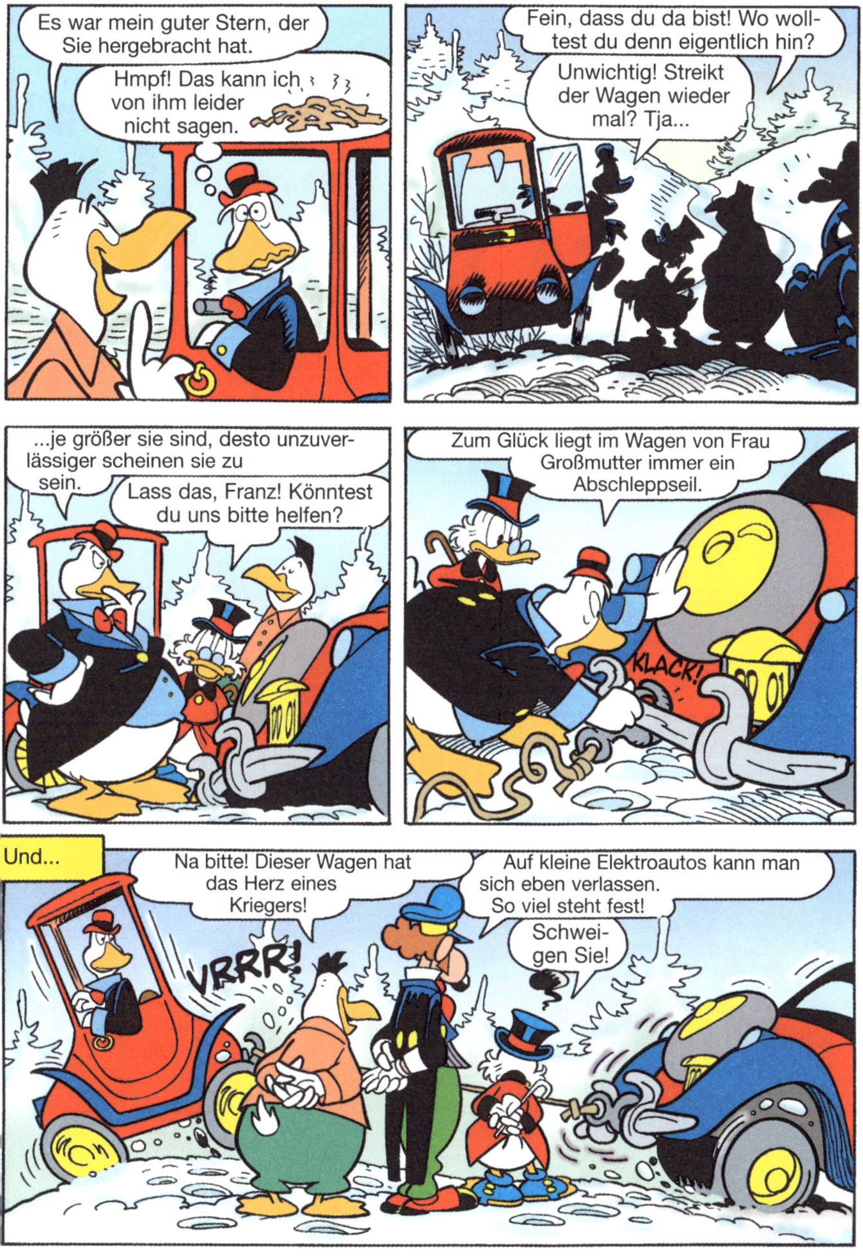

Es war mein guter Stern, der Sie hergebracht hat.
Hmpf! Das kann ich von ihm leider nicht sagen.
Fein, dass du da bist! Wo wolltest du denn eigentlich hin?
Unwichtig! Streikt der Wagen wieder mal? Tja...
...je größer sie sind, desto unzuverlässiger scheinen sie zu sein.
Lass das, Franz! Könntest du uns bitte helfen?
Zum Glück liegt im Wagen von Frau Großmutter immer ein Abschleppseil.
KLACK!
Und...
Na bitte! Dieser Wagen hat das Herz eines Kriegers!
VRRR!
Auf kleine Elektroautos kann man sich eben verlassen. So viel steht fest!
Schweigen Sie!

Alles klar? Dann fahr ich jetzt mal weiter.
Aber zum Hof geht es doch dort entlang.
Sicher, ich weiß! Bis dann, man sieht sich!
KLAPP!
VRRRRR!
Was ist denn nur los mit ihm?
Er war an Silvester doch sonst immer dabei. Dafür kocht Dorette schließlich viel zu gut...
Oha! Na klar! Das makrobiotische Essen!
Hm! Ich hab leider gar nicht an Franz gedacht, als ich bei Dorette nachgefragt habe.

In der Stadt...
GRAND-HOTEL KLEVER
Ich hoffe doch, es ist nicht nur viel Rauch um wenig Geschmortes!
Bitte sehr!
Dürfte ich wohl um die Schlüssel bitten, der Herr?
Von wegen! Ich kann sehr gut selbst einparken.
?
Pft!
Oooh! Alles meine Leibspeisen! Und in Hülle und Fülle!
Hallo, Franz! Ich heiße Sie willkommen auf meinem Milliardärssilvesterbuffet!

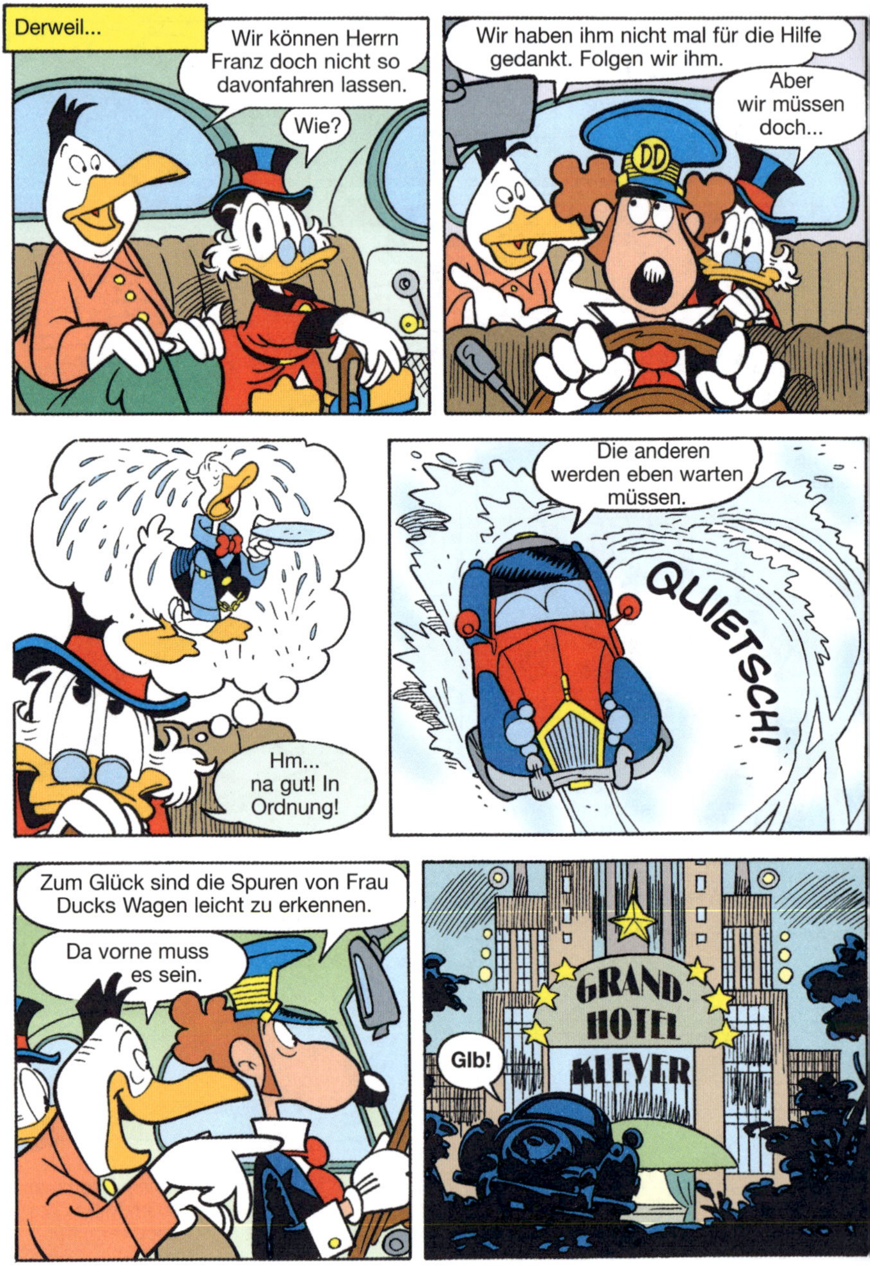
Derweil...
Wir können Herrn Franz doch nicht so davonfahren lassen.
Wie?
Wir haben ihm nicht mal für die Hilfe gedankt. Folgen wir ihm.
Aber wir müssen doch...
Hm... na gut! In Ordnung!
Die anderen werden eben warten müssen.
QUIETSCH!
Zum Glück sind die Spuren von Frau Ducks Wagen leicht zu erkennen.
Da vorne muss es sein.
GRAND-HOTEL KLEVER
Glb!

Nun, was sagen Sie zu dem Buffet? Hier jagt wirklich eine Gaumenfreude die nächste, oder?
Wunderbar! Schlürf! Ich weiß gar nicht, wo ich anfangen soll!
Nehmen Sie doch etwas davon.
Ananastorte? Eine gute Idee, außerdem fängt sie mit A an...
Oder ausgebackene Bananenstücke an Chili? Da...
...haben Sie gleich A, B und C.
Natürlich könnte ich auch spontan nach Lust und Laune zugreifen...
Blubb!
Was haben Sie, Franz?

I-ich hab keinen Hunger!
Waaas?
Ist ein Arzt im Saal? Ein Notfall!
Mir geht's gut, Herr Klever!
Es ist nur so, dass ich nicht bleiben kann. Mein Platz ist nun mal bei Frau Großmutter und den anderen auf dem Hof.
Hrmpf! Dann braucht der Mann ein Taxi und keinen Arzt.
Wo steckt er denn nur?
So warten Sie doch! Wir haben keine Einladung.
Mir ist gerade klar geworden, dass es nicht nur um das Essen geht, sondern auch darum...
...mit wem man ein Festessen zu sich nimmt.
Da haben Sie völlig recht.

Im Luxushotel meines größten Konkurrenten ins neue Jahr zu rutschen bringt mir sicher jede Menge Unglück.
Wo ist Herr Franz denn nur?
Schluck! Wa-was sind das für Speisen?
Oh, sicher keine, die Ihnen schmecken würden.
Außerdem erwartet man uns auf dem Hof...
Mampf! Ist das lecker!
Ja, aber...
Es ist wie eine Erleuchtung! Meine Geschmackspapillen jauchzen vor Freude! Nie wieder makrobiotische Kost! Mampf!
Sie ahnen nicht, was Sie da sagen!
Oh! Herr Duck und Herr Bao Bing sind hier?

Schlurps! Ihre landestypische Küche ist ein Gedicht... eine Offenbarung... mampf!
HAPP!
Ach ja?
Hihihi! Der gute Herr Bao Bing scheint tatsächlich auf den Geschmack gekommen zu sein.
GNAMM! KNURPS! HAPS! MAMPF!
Heißt es nicht bei Ihnen, der Appetit käme beim Essen?
Schon, aber denken Sie an die Kalorien!
Es reicht! Hören Sie auf, ihm den Genuss madigzumachen.
Franz!
Da sind Sie ja, mein Bester!
Herr Bao Bing! Welch eine Freude, Sie an meinem Buffet vorzufinden.
Oh! Sie sind sicher Klaas Klever.

Mein Kompliment an Ihren Koch! Er ist ein wahrer Meister seiner Kunst.
Vielen Dank. Ich werde es ihm ausrichten.
Und nun greifen Sie tüchtig zu, Herr Bao Bing. Über die Möglichkeiten der geschäftlichen Zusammenarbeit können wir später sicher noch in aller Ruhe reden.
Autsch!
TOCK!
Treiben Sie es nicht zu weit! Herr Bao Bing ist immer noch mein Gast!
Mag sein, aber Franz hat mir alles erzählt. Wie kann man einem Geschäftsfreund denn nur fade Gedünstetes als Festessen vorsetzen wollen?
In seiner Heimat isst man nun mal solche Sachen!
Die Dinge ändern sich...

...wie Sie gerade selbst miterleben konnten. Auch er schätzt gutes Essen!
Geben Sie's zu, das haben Sie doch absichtlich so eingefädelt!
Mompf!
Und so...
Er bleibt hier! Aua!
KICK!
KNUFF!
KLOPP!
Nein, er wird mit mir kommen! Umpf!
Doch...
Haaalt!
PIFF!
PAFF!
Ich hätte einen Vorschlag zu machen.
Hören Sie zu, Herr Klever. Wenn wir... pst, pst...
Gut... immerhin schulde ich Ihnen einen Gefallen.

Später...
FLAPP!
FLAPP!
FLAPP!
FLAPP!
Sag mal, war das zufälligerweise gerade Franz am Telefon, Oma?
Ja, er sagt, er kommt später... und nicht allein.
Und...
Hier entlang bitte!
Franz! Du hast deine Meinung doch geändert?
Ja. Mir ist nämlich klar geworden, dass es bei einem Festessen in erster Linie auf die Leute ankommt...
...mit denen man feiert. Besonders an Silvester!
Hihihi!

Wenn ich geahnt hätte, dass Herr Bao Bing unsere Küche mag...
Umsonst haben Sie trotzdem nicht gekocht.
Igitt! Dieser Algen-eintopf schmeckt ja wie...
...eingeschlafene Füße. Nie mehr!
Und endlich...
Ich präsentiere die Mitter-nachtstorte, die dieses Jahr von Herrn Klever ge-stiftet wurde.
Aaah! Wie ich auf diesen Moment ge-wartet habe!
Pah! Viel zu süß und viel zu sahnig.
Dann nehmen Sie doch mit Ihren bestellten Schrotkeksen vorlieb.
Grrr...
Umpf!
Autsch!
KLOPP!
WUAAM!
Seufz!
ZACK!

Aaaah! Lassen Sie mich los, Sie...
PFATSCH!
Haha! Wirklich zu komisch.
Stimmt! Hahaha! Hihi!
Wir wünschen euch allen ein frohes Jahr 2022!
ENDE

Giorgio Figus (Story), **Carlo Limido** (Zeichnungen)

Wir verfügen über die beste Ausrüstung für alle Bereiche gehobenen Ganoven-tums!
Wären da nicht diese beiden bitteren Tropfen Wermuts...
Die Agenten Donald und Dussel vom DGD*, Stachel im Fleische unserer Unbesiegbarkeit!
AGENT DONALD
AGENT DUSSEL
*Duckscher Geheimdienst.
Vollpfosten sind das, einer wie der andere!
Die bringen keinen Topf Wasser zum Kochen!
Dennoch! Jedes Mal, wenn sie uns in die Quere gekommen sind...
...haben sie uns mit Anlauf in die Pfanne gehauen!

Und das verdanken sie nur diesem Düsentrieb, ihrem hauseigenen Genie!
Der liefert eine Wunderwaffe nach der anderen!
Damit sind sie uns über, wenn's drauf ankommt!
Und warum schnappen wir uns nicht das Genie und zwingen es, für uns zu arbeiten?
Das ist die Idee!
Bravo!
Uff!
PAFF!
Nicht übel für eine Idee von dir.
Einige Tage später...
Es geht nichts über eine unverdiente Pause!

Heda! Hedu!
Seufz!
Auf die Füße, du Faultier! Geheimeingang K-14!
Ein Sammelruf des DGD.
In der unverwechselbar freundlichen Art und Weise.
Zum Glück ist der genannte Eingang ganz in der Nähe.
Dort ist er schon, verborgen im „Kätzchenbrunnen“!
Man ziehe am Schweif der dritten Katze von links und...

Miauuu!
?!
FAUCH!
Hol's der Habicht!
FETZ!
KRALL!
Aus Beton war das Biest nicht, das ist mal sicher.
Im Hauptquartier des DGD...
Soll ich fragen, warum du aussiehst, wie du aussiehst, Neffe?
Lieber nicht.
Worum geht es denn diesmal?
Es scheint, als hätte die MOB wieder zugeschlagen.
DGD

Sie sind gestern in Herrn Düsentriebs Labor eingebrochen!
!
Die Überwachungskameras liefern unanfechtbare Beweise.
Und es ist eindeutig, dass sie vorhatten, den Herrn Ingenieur zu entführen!
Zum Glück war er nicht vor Ort!
Ich habe zu der Zeit in einem Labor des DGD gearbeitet.
Genau in diesem Augenblick ist Dussel aufgetaucht!
Gelegentlich sucht er mich auf, um mir Ideen für neue Erfindungen zu unterbreiten.

Nun sagen Sie bloß...
Nein. Eine irrer als die andere. Zum Verrücktwerden.
Jedenfalls ist Dussel den Ganoven in die Arme gelaufen.
Äh... seid ihr nicht Agenten der MOB?
Also haben sie ihn statt Herrn Düsentrieb entführt!
Wohl, um nicht mit leeren Händen dazustehen.
Sie haben mir einen Tauschhandel vorgeschlagen.
Herrn Düsentrieb gegen Dussel, vermute ich?
So ist es! Widrigenfalls erwartet Dussel eine wenig wünschenswerte Behandlung!
Bestimmt hat der Ärmste jetzt schon nichts zu lachen!
„In seinem finsteren Verlies bei trocken Brot und Leitungswasser!"

Im Grunde hat uns die MOB einen Gefallen getan, findet ihr nicht?
Was soll das heißen?
Solange sie Dussel im Haus haben, kommen die Halunken vor lauter Katastrophen und Chaos kaum zu irgendwelchen Gaunereien!
!
?
Das ist wohl kaum der rechte Moment für schräge Scherze! Die Lage ist mehr als ernst!
Schon gut, Onkel Dagobert! War nicht böse gemeint!
Wissen wir denn, wo Dussel steckt?
Ja! Dank eines Peilsenders, den ich eigenhändig im Bommel seiner Mütze befestigt habe!
Er befindet sich auf dem Gipfel des Kümmerkogels, in einem nahezu uneinnehmbaren Schlupfwinkel der MOB!
!

Über ungebetene Besucher müssen sich die Ganoven jedenfalls wenig Gedanken machen.
Tja, die Seilbahn scheint der einzige Zugang zu sein.
Wir könnten es mit Klettern versuchen.
Und wenn man uns entdeckt, hängen wir hilflos in der Wand? Lieber nicht.
Aber keine Sorge, Herr Duck! Ich denke, ich weiß einen Weg, der uns sicher zum Ziel führt!
?!
Ja, was ist denn, Helferlein?
Bzzz!
Nein, ganz ausgeschlossen! Du kommst auf keinen Fall mit!
Bzzz! Bzzz!
Nein und nochmals nein! Das ist viel zu gefährlich für dich!

Einige Zeit später, am Fuße des Kümmerkogels...
Erfahre ich jetzt endlich, wie es weitergeht?
Immer aufwärts!
Und zwar mit diesem Schmuckstück hier, Herr Duck!
Sieht aus wie ein ehemaliger Aufzug.
Richtig! Den hat man benutzt, bevor die Seilbahn gebaut wurde.
Nun sagen Sie nicht, was ich denke!
Sie denken, wir werden uns dieses Aufzugs bedienen und Sie haben recht! Keiner dort oben rechnet mit so was!
Und garantiert aus gutem Grund.
Keine Sorge! Der Raketenantrieb bringt uns sicher nach oben!
Wie weit nach oben?

Es gibt Grenzen des Sinnvollen.
Der Aufzug wird im rechten Moment abgebremst, Herr Duck!
Halten Sie sich fest! Es geht los!
ZIIISCH!
Das nenne ich einen Start!
WOOOOOOSCH!
KRATSCH!
Agh!
Ungh!
KLACKER!

Soll ich Ihnen was verraten, Herr Ingenieur?
Ich weiß. Tut mir leid.
Und weiter? Da drin wimmelt es doch von Agenten der MOB!
Meine Erfindung schützt uns.
Ich nenne sie den aktiven Abweiser.
?!
Sagen Sie nicht, das Ding macht unsichtbar!
Nein, das wäre gelogen.
Und dennoch hat es einen ganz ähnlichen Effekt!
Aber... aber...

KLACK!
Wieso können die uns nicht sehen?
Oh, sie könnten, wir sind nicht unsichtbar. Aber unsere Aura weist ihren Blick gewissermaßen ab.
Wir sind ein blinder Fleck in ihrer Wahrnehmung. Nur Anrempeln wäre fatal.
Gut zu wissen.
Jetzt müssen wir nur noch Agent Dussel finden.
Ehrlich, das klingt verdächtig einfach.

Geniale Lösungen gründen auf Einfachheit.
Wenn Sie es sagen...
Die sind erschreckend gut ausgerüstet, nicht wahr?
Beeindruckend, in der Tat.
Der DGD geht schweren Zeiten entgegen.
Ich fürchte, früher oder später werden wir Bekanntschaft mit dieser Technik machen.
Momentan laufen wir eher ins Leere.
Versuchen wir es dort!
Uh, oh!
!

Irgendwas stimmt hier nicht.
Den Eindruck hab ich auch.
SURRR!
Ihr Herr Onkel hat darauf bestanden, dass ich mich mit gebrauchten bescheide.
Typisch.
Wieso sind wir plötzlich wieder sichtbar?
Liegt wohl an den Batterien.
Rein da mit euch!
Ungh!
Das ist doch...
?!

Dussel!
Na? Habt ihr beiden euch auch erwischen lassen?
Du scheinst ja bester Dinge zu sein.
Ich hab keinen Grund zur Klage.
PLAY-IT
Es gibt eine Glotze und eine Spielkonsole mit den neuesten Computerspielen.
!
Ehrlich gesagt könnte ich's hier noch eine ganze Weile aushalten.
Schätze, das werden Sie auch müssen, Dussel.
Weil wir hier fest-sitzen ohne den Rucksack mit meiner Ausrüstung!

QUIETSCH!
Was ist das?
Helferlein!
Bzzz!
Schon gut, darüber reden wir später! Zuerst müssen wir irgendwie hier rauskommen!
Wir haben gesehen, dass sich die Tür der Zelle nur mit einer Fernbedienung öffnen lässt.
Und die muss in einem der Büros dort draußen zu finden sein!
Du bist unsere einzige Hoffnung, Helferlein!
Bzzz!

KAFFEE
He, warte mal!
Sieh mal, da läuft ein kleines Männchen aus Metall mit einer Glühbirne als Kopf!
Aber sicher. Weißt du, was ich glaube?
Nein, was?
Dass du in letzter Zeit zu viel um die Ohren gehabt hast.

Helferlein hat die Fernbedienung!
Und den Rucksack mit Ihrer Ausrüstung!
Du bist ein Held, Helferlein!
POFF!
Und nun, Herr Ingenieur? Können Sie nicht irgendwas Geniales aus dem Hut zaubern?
Nicht in der gebotenen Eile! Wir müssen schauen, dass wir hier wegkommen!

UIUIUIUIUI!
Ups!
Die Jagd ist eröffnet!
Vielleicht finden wir da drin so was wie ein Fluchtfahrzeug!
HANGAR
ZIPP!
In der Tat...
WOOOSCH!
Ich vermute, der Schlitten stammt aus derselbe Epoche wie der Aufzug.
Und ist kaum besser in Schuss.
WUUUUUUSCH!
Aber er war das Einzige, was auf die Schnelle zu kriegen war!
Alles ist besser, als denen da in die Hände zu fallen!

WITSCH!
WITSCH!
Sie kommen! Ich mag gar nicht hinsehen!
Dann sehen Sie weg und nach vorne, um Himmels willen!
Hilfe!
Uaaah!
WUOOOSCH!
?!
SCHUBS!
Kreiiisch!

ZUPP!
Iiieks!
Ei der Daus!
KRACKS!
WUPP!
Kreisch!
Die Dekoration steht, Chef! Sie können aufmachen!
Mach ich!
Sonst kommen die Kunden noch durchs Fenster.
?!
!
KRATSCH!

O nein! Nicht da lang, Herr Duck!
OLYMPISCHE BOBBAHN
ZAWIIISCH!
BUMPF!
Das wird übel.
?!
!
ZAWUSCH!
Wer waren die denn?
Keinen Dunst. Aber sie haben gerade den bisherigen Weltrekord in Grund und Boden gerodelt.
Unglaublich!
Und das mit einem antiken Schlitten!

ZWOOOSCH!
Uaaaah!
KRATSCH!
Aha! Die Vögelchen sind hart gelandet.
Und ab in den Käfig!
WITSCH!
He, was will der Gartenzwerg?
Vergiss es. Den stampfe ich...
...in Grund... **ups!**

?!
Uargh!
PLOMPF!
PLOMPF!
Umpf!
Gut gemacht, Helferlein! Und jetzt ich!
Das ist die Gelegenheit, meinen Blizzardblaster zu testen!
ZIPP!
WIRBEL!

Mi-mir ist gar nicht wohl.
!
WIRRWARR!
Ich würde mich zu der Feststellung versteigen, dass er funktioniert.
Vorerst müssen wir die Herren nicht fürchten.
?!
!
Das ist gut. Das mag ich am Agentsein gar nicht. Fürchten macht mir nämlich Angst.
Aber eines verstehe ich nicht.
Helferlein hat die Halunken fast alleine erledigt. Wie kann das sein?
Richtig! Was sagst du dazu?

Bzzz! Bzzz-bzzz! Bzzz!
Ja, das erklärt natürlich alles.
Er sagt, er hat in der Kürze der Zeit versucht, sich so gut wie möglich auf seinen geheimen Einsatz vorzubereiten.
Bzzz! Bzzzzz! Bzzz!
„Deshalb hat er mittels einer meiner Erfindungen sein elektromagnetisches Energiefeld extrem aufgeladen.“
FRRR...!
„Das hat ihm, wie wir sehen konnten, für einige Stunden erhebliche Kräfte verliehen!“
100 kg
„Fan-tas-tisch!“
Ich denke, unsere Mission ist erfüllt und wir können nach Hause fahren!
Endlich Schluss mit den kalten Füßen!

Und im Haupt-quartier der MOB, auf dem Gipfel des Kümmer-kogels...
Wer hätte das für möglich gehalten?
Abserviert in unseren eigenen vier Wänden, sozusagen!
Die Laune ist lausig...
Bloß weil wir zu dämlich waren, die Gefangenen vernünftig unter Verschluss zu halten!
Entwischt aus dem Hoch-sicherheitstrakt einer Festung auf dem Gipfel eines Berges. Seufz.
MOB SAT 2
Geflohen mit einem antiken Schlitten, der schon vor hundert Jahren seine besten Zeiten hinter sich hatte.

Buhuuu! Die hatten überhaupt keine Chance, aber die haben sie mit Bravour genutzt!
Das ist so gemein!
Vielleicht sind die beiden doch keine Vollpfosten?
Dieser Verdacht könnte einem kommen.
Am Ende trägt ihr hauseigenes Genie viel weniger...
...zum Erfolg des DGD bei, als wir immer gedacht haben?
Dann war die Entführung also völlig sinnlos!
Im Hauptquartier des DGD...
Ich gebe zu, dieses eine Mal bin ich sehr zufrieden!
Danke, Onkel Dagobert!
BESENKAMMER
FEST-SAAL
Aber ohne eine entscheidende Hilfe hätten wir das niemals geschafft, stimmt's?
O ja! So ist es!

Und daher gehen die Getränke heute ausnahmsweise auf meine Kosten!
DD
LIMO GRATIS-PROBE
Wir wollen anstoßen auf den wahren Helden dieses Abenteuers!
Und begrüßen ein neues Mitglied des Duck'schen Geheimdienstes: **Agent Helferlein!**
Auch wer klein ist, kann zu Großem fähig sein!
DGD
ENDE

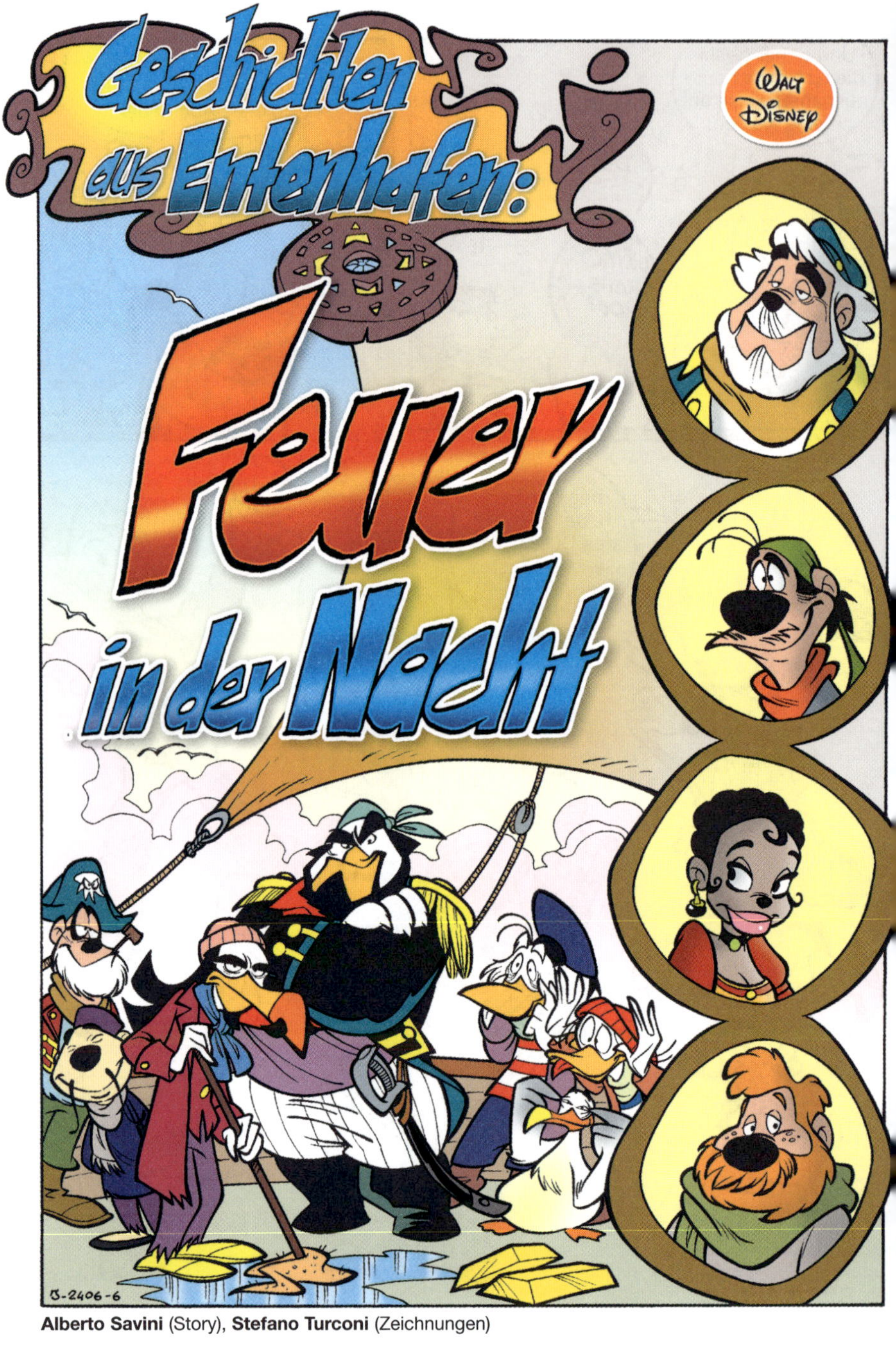

Alberto Savini (Story), Stefano Turconi (Zeichnungen)

Entenhafen, 31. Dezember...
Das kann doch nicht dein Ernst sein, Isidor!
Leider doch, Moby. Das ist nun mal die Macht der Gewohnheit.

Ich hab die Feuerpfeile immer am 31. Dezember bei Wang gekauft.
Der ist doch schon ewig mit Azimut van Absinth unterwegs.

Ja, aber das ist mir erst wieder eingefallen, als ich vor Wangs Laden stand. **Seufz!**
Gibt es denn sonst niemanden in Entenhafen, der Feuerwerk verkauft?
Nein. Leider nicht.
Na und? Hissen wir einfach die Segel und fahren nach Gantersund.
Wie denn? Die Bucht ist vereist und die Goldfisch ist nun mal kein Eisbrecher, Dümpel.
Hm.
Das kommt eben davon, wenn man an den Extras spart.
Theoretisch könnten wir doch auch unter dem Eis fahren...
Mit dem Unterseeboot, das ich irgendwann einmal von Azimut gekauft habe?
Genau.

Dazu müsste ich es erst wieder flottmachen. Und das dauert mindestens zwei Tage.
Wir müssen eine Lösung finden, Leute. Das Feuerwerk darf nicht ins Wasser fallen.
Hast du vielleicht eine Idee, Nina?
Nein, aber ich kann die Karten befragen.
Hoffentlich antworten sie nicht wieder in Rätseln.
Den Karten nach wird jemand aus der Ferne kommen und das Problem mit dem Feuer lösen.

Fan-
tastisch!
Das
ist ein
Wort!
Nicht
übel!
Ooh! Aber
dieser Jemand
ist auch eine
Gefahr für
Entenhafen.
?
!
Bist du da
ganz sicher?
Wie kann je-
mand, der uns
hilft, gefähr-
lich für uns
sein?
Frag mich
nicht, Moby.
„Ihr werdet schon
sehr bald die Ge-
legenheit haben, es
herauszufinden."
Wo steckt
dieses Faultier
von Azimut schon
wieder?
Hmpf!

Ich... ich hab doch nur...
...dich wieder mal aufs Ohr gelegt.
Nein, ich habe diese Säcke einer gründlichen Inspektion unterzogen.
Und bei so was schnarchst du? Man sollte dich kielholen.
Seufz!
Aber ich will gnädig sein. Ihr da!
?
Azimut wird das Deck alleine schrubben!
Da- das ganze Deck?

„O ja!“
War ja klar, dass er Sie ertappen würde.
Schweigen Sie!
Es ist meine Absicht, diesen Rüpel glauben zu lassen, ich hätte Angst vor ihm.
Oh, natürlich.
Ich spiele den Dämel, bis wir in Entenhafen sind. Dann kann ich ihn umso leichter ausbooten.
Genialer Plan...
...den Sie mir jedes Mal offenbaren, wenn Kapitän Brack Sie wie einen echten Dämel aussehen lässt.
Glb!
Nun denn, reichen Sie mir mal den Eimer, Wang!
Nein! Tatkräftige Hilfe meinerseits könnte Brack Verdacht schöpfen lassen.
Und vergessen Sie nicht, van Absinth, ein echter Dämel kann nichts richtig machen.
!

Derweil, in Entenhafen...
Glaubst du, der mysteriöse Helfer wird auf dem Seeweg kommen?
Klar! Die Landstraßen sind zurzeit wegen des Schneefalls unpassierbar.
MÜLLER
SOHN & SÖHNE IMPORT-EXPOR
Und wenn keiner kommt? In zehn Stunden ist Mitternacht.
Wenn Ninas Karten sagen, es gibt Feuer, kannst du deine Hemdknöpfe darauf verwetten, dass es so ist.
Ich wette aber niemals, Moby.
Aus Prinzip nicht? Löblich.
Nein, wegen meiner Kluft. Ich hab doch nur Takelhemden. Die gibt's nicht mit Knöpfen.
Hihihi!

Ich bin fertig.
Hm... was sagt man dazu?
Hihihi!
Das muss noch mal gründlich geputzt werden. Hier sind überall Flecken, Streifen und Schlieren.
Stimmt! Du hast es gehört, Azimut!
Grrr! Das werden Sie mir büßen!
Aber ich helfe Ihnen nur, Ihre Rolle glaubhaft zu spielen.
Prust!
Niemals würde ich auf Ihre Kosten üble Scherze treiben.

Viel später...
Komm sofort hierher, Azimut!
?
Du hast mir doch von dieser Villa auf den Klippen erzählt.
Ja!
Dann sag mir, ob sie das dort ist.
!
Huch? Mir klingelt das Ohr... der Herr denkt an mich.
Pah! Und wenn schon! Er ist ja weit, weit weg.

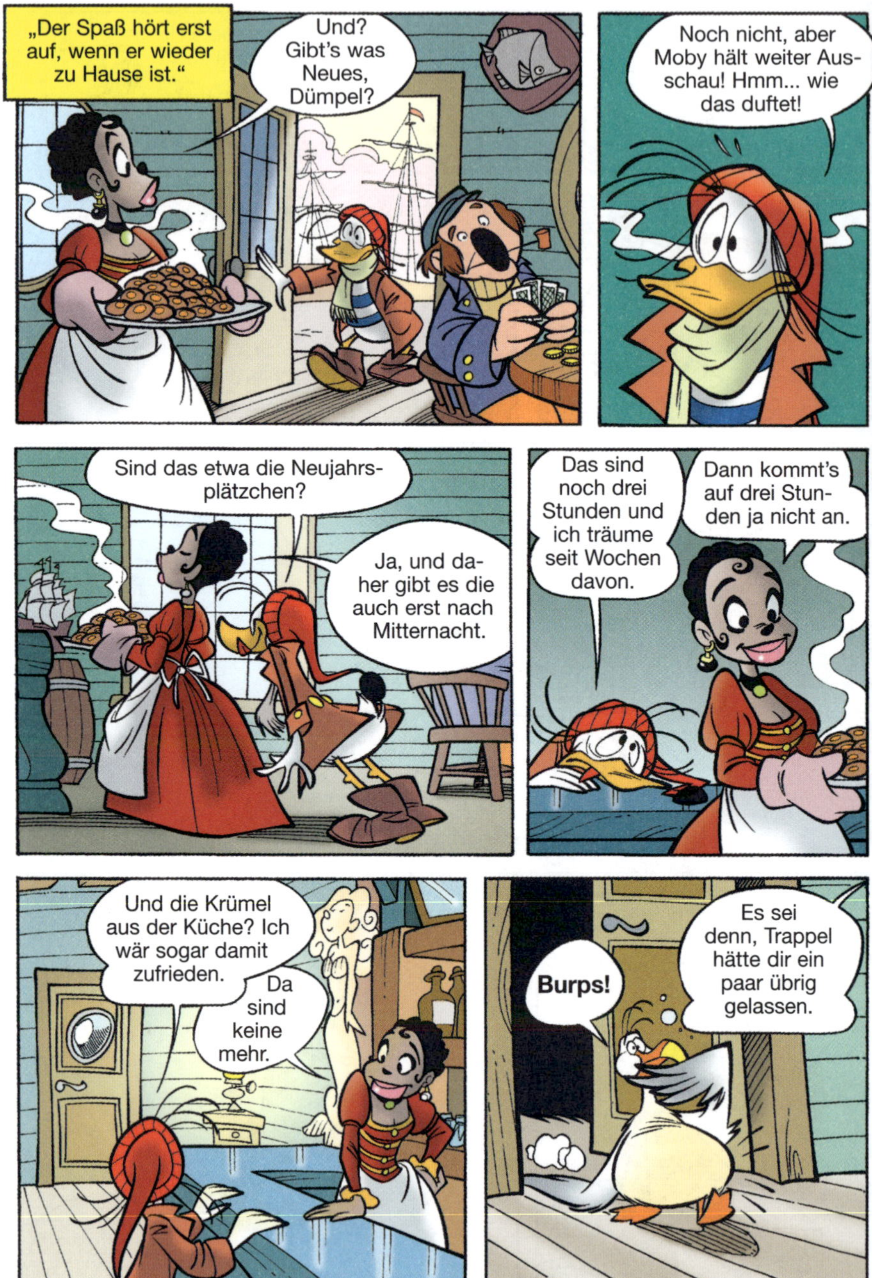
„Der Spaß hört erst auf, wenn er wieder zu Hause ist.“
Und? Gibt's was Neues, Dümpel?
Noch nicht, aber Moby hält weiter Ausschau! Hmm... wie das duftet!
Sind das etwa die Neujahrsplätzchen?
Ja, und daher gibt es die auch erst nach Mitternacht.
Das sind noch drei Stunden und ich träume seit Wochen davon.
Dann kommt's auf drei Stunden ja nicht an.
Und die Krümel aus der Küche? Ich wär sogar damit zufrieden.
Da sind keine mehr.
Burps!
Es sei denn, Trappel hätte dir ein paar übrig gelassen.

Ein Schiff am Horizont, Dümpel!
Wie?
Ist da auch der Retter drauf?
Das will ich hoffen. Sonst ist weit und breit kein Schiff zu sehen.
Inzwischen...
Ich hab dich vor Feuerland nur aus dem Wasser gezogen, weil du das Zauberwort ausgesprochen hast.
Gold!
Aber bisher hast du mir in weiser Voraussicht verschwiegen, wo das Gold ist.
Selbstredend.

Aber jetzt sind wir da und ich will keine Zeit mehr vergeuden.
Raus mit der Sprache! Wo ist das Gold?
I-ich weiß es nicht...
Man soll eben nie jemanden mitnehmen, den man nicht kennt.
WUMPS!
Moby Duck weiß, wo das Gold ist. Ihnen wird er es sicher sagen.
Damit versucht Azimut lediglich, Moby Duck eins auszuwischen, weil der ihn oft genug ausgetrickst hat.
Hrmpf! Haben Sie denn eine bessere Idee?
?

Geben Sie sich einfach als Händler aus. Dann werden die Leute das Gold holen müssen, um damit zu bezahlen.
Und mich so zu dem Versteck führen. Genial, Wang!
Einen Augenblick!
Als Pirat mit langjähriger Erfahrung schlage ich vor, Sie tauschen die Flaggen aus, sonst kauft Ihnen keiner den Händler ab.
Stimmt!
Hiss die geklaute Handelsflagge! Ich zieh mich um.
Aye, aye, Kapitän!
Und wir rechnen jetzt ab, Wang!

Stellen Sie sich doch nicht dümmer, als Ihre Rolle verlangt.
Wie meinen?
Ich konnte Brack erst mit meiner letzten Bemerkung restlos überzeugen.
Wovon denn?
Dass Sie ein wahrhaftiger Dämel sind.
Aha?
Aber ich tu nur so! Klar?
Am Kai...
Woher die wohl kommen?
Von weither. So eine Flagge hab ich noch nie gesehen. Nanu?

Das ist ein Händler!
3x2
Der hat bestimmt auch Feuerwerk im Angebot.
Das wär schön! Ich fühl mich immer noch schuldig.
An Bord...
Na, wie seh ich aus?
Perfekt! Wenn ich Sie so sehe, greift meine Hand unwillkürlich nach dem Geldbeutel.
Um ihn zu sichern vermutlich?
Ja, aber es ist besser, ihm das nicht zu sagen.
Dass mir während meiner Abwesenheit keiner von Bord geht. Und du hältst gefälligst die Brücke trocken!
Die ist doch gar nicht nass.

Doch!
SURRR!
PLATSCH!
...
Damit könnten Sie glatt im Theater auftreten.
Allerdings! Als Dämel sind Sie ungemein überzeugend.
Ahoi! Sind brave Händler im Hafen willkommen?
Aber sicher! Werft ein Tau rüber!

Ich bin Kapitän Brack. Womit darf ich dienen?
Mit Feuerwerk aller Art, Kapitän!
So was! Sprecht ihr immer im Chor?
Nein... es ist nur so, dass wir dringend Feuerwerk für heute Nacht brauchen.
Ah, gut! Ich hab welches an Bord...
...aber ich akzeptiere nur Gold. Ist das ein Problem?
Nein! Können wir das Angebot sehen?
Sobald ich Gold gesehen habe.
Dann schauen Sie auf Ihre Uhr.
Leider hat man mich da betrogen. Sie ist nur aus Katzengold.

Gut, kommen Sie mit. Ich zeige Ihnen...
Nicht so hastig!
Sie wollen verkaufen, also will ich erst die Ware sehen.
?
Äh, ich habe keine Proben bei mir.
Verstehe. Und wenn ich...
...Ihnen das hier als Anzahlung gebe?
Daher...
Mit dem Burschen stimmt was nicht. Vielleicht hatten Ninas Karten doch recht mit ihrer Warnung.
Also ich fand ihn recht sympathisch.

„Ich wette, das Feuerwerk heute Nacht wird einzigartig!"
Was soll ich denen nur zeigen? Wir haben kein Feuerwerk an Bord.
Ziehen Sie die an.
?
Das sind Hausschuhe. Die Brücke ist blitzblank und ich will, dass es so...
Mpf!
Klasse! Das war superdämlich!
Gibt es etwa irgendwelche Probleme, Kapitän?

Allerdings! Um an das Gold zu kommen, brauche ich Feuerpfeile. Ich frage mich, wo ich die hernehmen soll!
Nun, mit etwas Schießpulver könnte ich welche bauen.
Was? Sie wissen, wie das geht?
Ich mache das jedes Jahr, aber ich werde dabei Hilfe brauchen.
Meine Leute stehen zur Verfügung.
Diese acht scheinen mir geeignet zu sein.
Aber wir sind neun! Oder gehöre ich etwa nicht dazu?
Doch, aber da Sie momentan den Dämel spielen, hält Wang Sie eben nicht für geeignet.
Hihihi!

Und so...
Der braucht aber lange, was?
Hauptsache, wir bekommen die Ware vor Mitternacht.
MORGEN☆STERN
LADEN
KOLONIALWAREN
Das will ich schwer hoffen. Mir bleibt auch so kaum genügend Zeit, um mich für das Fest umzukleiden.
Den Leuten, die noch Neujahrsplätzchen backen müssen, läuft die Zeit auch weg.
„Wieso? Plätzchen sind fix gebacken und zum Abkühlen rausgestellt."
„Schon, aber das weiß Trappel auch..."
Nicht schon wieder!
ZUUUSCH!

Da, endlich...
Verzeiht, dass es etwas gedauert hat. Hier sind die Proben.
Fein! Die sehen genau-so aus wie die, die Wang immer macht.
Wie viele davon haben Sie?
Reichlich. Meine Leute kontrollieren sie nur gerade noch mal.
Ich hoffe, Wang schafft es, genug Feuerpfeile zu basteln.
Diese Erbsenzähler könnten auf die Idee kommen, meinen gesamten Warenbestand sehen zu wollen.
Ich bin bereit.
RITSCH!

FAUUUUUUUCH!
ZISCH!
?
FAUUUUUUUUCH!
BUMM!
Vorsicht mit den Dingern! Ich hab nur das eine Schiff!
Keine Bange! Den nächsten schieße ich...
Uff!
Lass gut sein, Dümpel. Ein Teststart reicht fürs Erste.

Sind 2000 Taler in Gold genug für zehn Dutzend dieser Pfeile?
Aber natürlich.
Gut! Wir holen das Gold, Sie die Ware, und dann treffen wir uns hier.
Gut! Wir werden da sein!
Folgen wir ihnen!

Und in der Villa...
Das war eine Explosion. Geht das Feuerwerk etwa jetzt schon los?
Oha! Das Schiff kenne ich doch.
Mal gespannt, wer an Bord ist.
Aaargh! Der Herr höchstpersönlich!
Seufz! Ade, du Zeit der Freiheit!
Ich wage gar nicht, daran zu denken, was passiert, wenn er die Unordnung hier sieht.

Nur Mut, Silas! Es gibt eben Tage im Leben, an denen man zeigen muss, wozu man fähig ist.
Nur, wieso müssen diese Tage ausgerechnet in meine Ferien fallen?
WISCH!
WUPP!
WUSCH!
PLATSCH!
Inzwischen...
PENSION PINGUIN
RATHAUS
BANK
Kommt schon!
Einen Augenblick! **Mjam!**
ZUSCH!
Frechheit! Man beraubt keine Kollegen, du fieses Federvieh!

Guten Tag, Herr Direktor. Wir brauchen 2000 Taler aus dem Bürgerfond für das diesjährige Feuerwerk.
Bedient euch, Moby! Der Tresorraum ist offen.
Schließt ihn ab, wenn ihr fertig seid. Wir erwarten keine weiteren Kunden.
Nach mir kommt bestimmt keiner mehr.
Huch!
Wie hoch war denn überhaupt Ihre Spende an die Stadt, Käpt'n Rasmus?
Ich weiß es nicht. Hauptsache, ich bin das Gold los. Es bringt doch nur Probleme mit sich.

So ein Zufall! Ich liebe Probleme über alles.
Wusste ich doch, dass Sie kein Händler sind...
Gestatten, dass ich mich vorstelle: Kapitän Brack, Pirat aus dem schönen Feuerland.
Ist es Ihnen da vielleicht zu heiß geworden?
Feuerland ist eisig. Da haben wir doch Azimut und Wang hingeschickt...
Genug geplaudert! Schafft das Gold auf mein Schiff! Und zwar dalli, wenn ich bitten darf!

Inzwischen...
Ich will das Deck nicht noch einmal schrubben müssen. Handeln wir, sobald Brack auftaucht.
Warten wir besser, bis das Gold an Bord ist.
Falls es ihm überhaupt gelingt, des Goldes habhaft zu werden.
Oh, sicher! Äh... er hat mehr Glück als Sie.
Als altgedienter Pirat komme ich nicht umhin, Wangs Rat zuzustimmen. Warten wir lieber.
Pah! Dieser Tölpel von Brack kann es doch nie im Leben mit Moby Duck aufnehmen.
Dem Anblick der Schaluppe möchte ich entnehmen, dass es ihm bereits gelungen ist.
Argh!

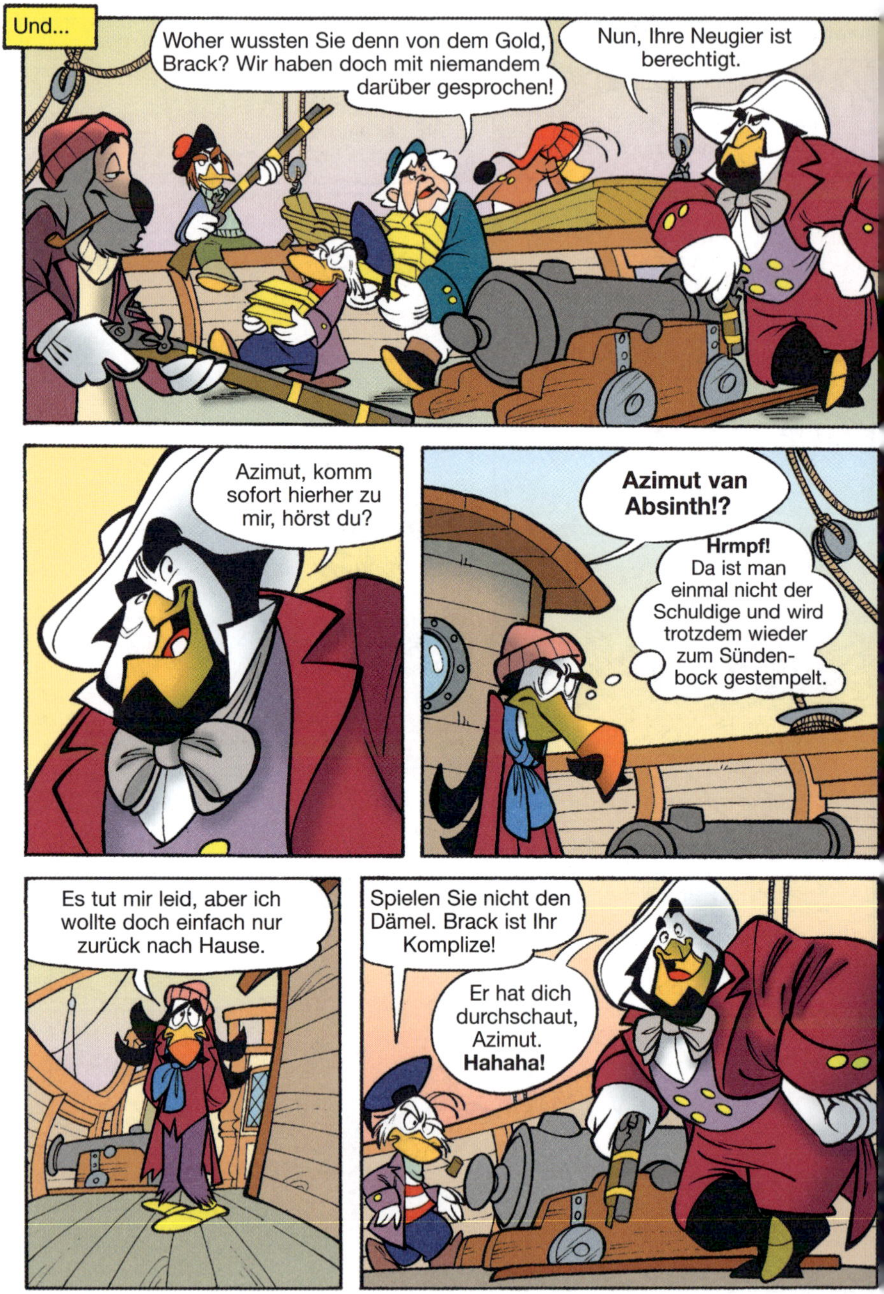
Und...
Woher wussten Sie denn von dem Gold, Brack? Wir haben doch mit niemandem darüber gesprochen!
Nun, Ihre Neugier ist berechtigt.
Azimut, komm sofort hierher zu mir, hörst du?
Azimut van Absinth!?
Hrmpf! Da ist man einmal nicht der Schuldige und wird trotzdem wieder zum Sündenbock gestempelt.
Es tut mir leid, aber ich wollte doch einfach nur zurück nach Hause.
Spielen Sie nicht den Dämel. Brack ist Ihr Komplize!
Er hat dich durchschaut, Azimut. Hahaha!

Seit er an Bord ist, hat er das Deck geschrubbt und recht überzeugend den Dämel gemimt! Und alles nur...
...damit ich nicht merke, wie sehr er auf euer Gold aus ist.
Wie? Da-das haben Sie gewusst?
Klar! Ich hab selten so viel Spaß gehabt.
Groarrr! Das werden Sie mir büßen, Wang!
Schluck!
Bindet sie, taucht sie ins Wasser und stellt sie aufs Eis! Ihr vier kommt mit mir.
SCHNAPP!

21:25 Uhr...
Keuch! Niemand scheint zu bemerken, was hier gespielt wird.
Nun ja, so kurz vor einem großen Fest, haben die Leute anderes zu tun.
Eben! Die sind alle in ihren Häusern und kleiden sich festlich ein.
22:33 Uhr...
Und Nina? Die befragt sonst doch auch ständig ihre Karten.
„Vielleicht glaubt sie ja, es sei nicht nötig..."
Ich würde meinen Freunden so gern helfen, aber das ist nicht meine Bestimmung.

23:05 Uhr...
Japs! Und wieso schlagen Azimut van Absinth, Wang und die anderen nicht Alarm?
Warum fragst du mich das? Wir sollten uns...
„...beeilen. Uns bleibt kaum noch eine Stunde Zeit."
Unser Herr Azimut van Absinth ist alles andere als ein Dämel!
Unser Herr Azimut van Absinth...
Los, noch mal von vorn!
23:51 Uhr...
Die letzten Barren.
Gut! Wirf sie hoch...
...und zwar genau **jetzt!**
?

Runter mit dem Boot!
ZURRR!
PLATSCH!
Gluck!
Pah! Nehmt die Schaluppe mit! Ich kann mir hundert neue kaufen.
Hisst die Segel! Wir verschwin-den!
Hurra!
So?
Geschafft! Es ist kurz vor Mitter-nacht!
Ja, aber wo sind denn die Leute?

Dort drüben! Pünktlich wie jedes Jahr!
Wie weit seid ihr denn mit dem Feuerwerk?
Äh...
Ein Pfeil ist noch übrig, oder?
„Stimmt..."
Uff! So ein Glück!
Jetzt sind es nur noch **drei** Sekunden...

...noch **zwei** Sekunden, noch **eine...**
FAUUUUUUUCH!
Euch allen ein frohes neues Jahr!
Hurraaa! Hahahaaa!
Prost Neujahr, mein Goldstückchen...
?
FIII...
ZISCH!
Werft Wangs Feuerwerk sofort über Bord!

„Zu spät! Alle Mann von Bord!“
BUMM!
BUMM!
BUMM!
BUMM!
ZAWISCH!
ZAWISCH!
ZAWISCH!
ZAWISCH!
ZAWISCH!
Wie schön! Ninas Karten hatten wieder mal recht.
O ja! Und ich hoffe, das Gold versinkt für immer.
„Kaum. Azimut van Absinth wird sicher versuchen, es mit dem U-Boot zu bergen.“
Schnaub!
BIBBER!
Ich weiß schon, wie ich Silas dazu bringe, das Gold zu suchen.
Mit einer List, hab ich recht?
Ab morgen bin ich wieder Knecht... seufz! Frohes neues Jahr, Trappel, und bitte...
Mjam!
...lass mir ein paar Kekse übrig, ja?
ENDE

Sergio Tulipano (Story), **Luigi Piras** (Zeichnungen)

Francesco Monteforte Bianchi (Story), **Valerio Held** (Zeichnungen)

Ja bitte? **Oh!**
Sparen wir uns die ganze Schmierenkomödie und kommen gleich zur Sache.
Ich muss Phantomias sprechen. Ich brauche seine Hilfe und weiß, dass er hier wohnt!
Aber nein... ich, äh... mein Name ist Donald Duck!
Du musst dich in der Adresse geirrt haben!
Sicher, wie könnte es anders sein.
Sagen wir so... Phantomias wohnt hier nicht und den Weihnachtsmann gibt es nicht. Bringst du mich nun in dein Versteck?
Durch den Schrank dort, falls du dich erinnerst.
Also gut, du hast gewonnen.

Ich will versuchen, dir so wenig wie möglich von deiner wertvollen Zeit zu stehlen, Phantomias.
GEHEIMES HAUPTQUARTIER BETRETEN NUR NACH SCHRIFTLICHER VORANMELDUNG
Oder stört es dich, wenn ich du zu dir sage?
Nein, gar nicht.
Ich finde es selbst nicht angebracht, jemanden zu siezen, der in einem Fantasiekostüm seiner Berufung folgt.
Ja, und irgendwie sind wir Kollegen. Superhelden in den Augen der Leute. Wenn auch jeder auf seine Weise.
Dein Problem kann nicht von schlechten Eltern sein, wenn jemand wie du die Hilfe von jemandem wie mir braucht!
Klug erkannt, werter Kollege!
Leider muss ich sagen, dass in dieser Angelegenheit mein guter Ruf auf dem Spiel steht!

„Weißt du, ich habe in meiner Karriere schon Menschen jeder Art und jeden Alters mit Geschenken beglückt."
Alle haben das Recht auf ein Geschenk vom Weihnachtsmann, ganz unabhängig davon, wie sie sich aufführen.
Aber ich dachte...
Zu Recht! Doch manchmal bin ich auch nur der Überbringer.
Wie das?
Man informiert mich, dass jemand ein Geschenk bekommen soll und ich liefere es bei dem Bedachten ab.
Wie ein gewöhnlicher Postbote?
Sagen wir, ich betreibe nebenbei einen internationalen Zustelldienst. Man muss eben sehen, wie man über die Runden kommt.
Verstehe!
VERGALL

Üblicherweise erreichen mich die Bitten um Geschenke auf direktem Wege in Form eines Wunschzettels.
Und dann entscheide ich, wer ein Geschenk verdient hat und wer nicht.
So kenne ich es!
„Doch mindestens einmal im Leben bekommt jedes Menschenkind ein Geschenk vom Weihnachtsmann. Sogar Dagobert Duck.“
T
Dein Onkel ist übrigens nicht so übel, wie er dir gelegentlich mitspielt.
Muss ich den Satz verstehen?
Ich meine, in jedem Menschen steckt ein guter Kern. Selbst Klaas Klever ist von mir bereits beschenkt worden.
Und Kater Karlo, ob du's glaubst oder nicht!
Versteh ich. Der ist eigentlich ein Netter.

Ähm... ich will nicht unhöflich sein, aber ich fürchte, es gibt noch viel zu tun!
Du willst wissen, warum ich mich an dich gewandt habe? Dann hör zu...
Es gibt einen Menschen, der noch nie ein Geschenk bekommen hat, weder von mir noch von irgendjemand anderem.
Und wer ist das?
„Er heißt Griesbert Grämig und betreibt einen Laden für Kram und Krempel am Stadtrand von Entenhausen..."
„Er ist die habgierigste und kaltherzigste Person, die mir in all den Jahrhunderten begegnet ist!"
Ein Preisnachlass von zehn Kreuzern?
Sie können doch nicht ganz normal sein!

Aber ich bitte Sie, Herr Grämig, das ist doch kaum der Rede wert!
Für zehn Kreuzer halte ich jederzeit eine Ansprache!
Ich möchte das Teeservice meiner Nachbarin schenken. Sie ist so eine liebe, nette alte Dame, müssen Sie wissen!
Und sie hat keinen, der sich um sie kümmert. Da will ich ihr halt eine Freude machen.
Na, was bin ich gerührt!
Leider beschränken sich meine Mittel auf zehn Taler. Und das Service...
...kostet zehn Taler und zehn Kreuzer!
Kein Geld, kein Geschenk! Und jetzt verduften Sie!
Aber wollen wir an Weihnachten nicht das Gute wecken, das in uns schlummert?
In mir schlummert nichts! Und wenn, ist es längst verschimmelt!
GIESBERT GRÄMIG KRAM UND KREMPEL

Was sagst du dazu?
Gegen den ist mein Onkel Dagobert die Großherzigkeit im Gehrock!
Aber warum treibt dich die Sache so sehr um, Weihnachtsmann?
Ein Griesgram wie Griesbert Grämig wird niemals ein Geschenk bekommen... von niemandem!
Eben das bereitet mir ja schlaflose Nächte, Phantomias!
So schlimm?
Das ist eine Frage des Prinzips!
Ich werde diesem Grämig ein Geschenk bescheren, auch wenn er mich überhaupt nicht darum gebeten hat! Basta!
Schön, aber was hab ich damit zu schaffen?

Das Problem ist, ehe der Weihnachtsmann es beschenken kann, muss ein Menschenkind wenigstens eine gute Tat getan haben.
Und das hat unser Freund nicht, darauf würde ich meine Geheimidentität verwetten.
Genau! Laut meinem Plan sollst du nun Grämig bis heute Abend dazu überreden, ausnahmsweise doch einmal etwas Gutes zu tun.
Verstehe. Aber warum gerade ich?
Weil ich mir nicht vorstellen kann, dass jemand dem maskierten Rächer einen Wunsch abschlägt. Du wirkst sehr überzeugend.
Tja, wenn das so ist...
Wunderbar! Sobald Griesbert Grämig ein braver Griesgram war, bekomme ich von „Gutmensch-View“ eine Bestätigungsmail!
Du gehst mit der Zeit, wie?
Wer nicht mit der Zeit geht, muss vor der Zeit fliehen! Jedenfalls werde ich hier warten.
Und dann bekommt er was Hübsches für ältere Herren. Haarwasser vielleicht.

Selbstverständlich sollst du mir diesen kleinen Gefallen nicht umsonst erweisen müssen, Phantomias!
Das heißt?
Dass du dieses Jahr mit einem Geschenk aus dem Fundus für besonders freundliche Zeitgenossen rechnen darfst!
Lass mich raten... ein rechts gestrickter Wollpulli?
EXTRA
Erstaunlich! Woher weißt du das?
Meine Fantasie ist ebenso super wie der Rest des Helden.
BDOING!
Nun wollen wir doch mal sehen, ob wir diesen Grämig nicht eines Besseren belehren können.
Ein bisschen tut er mir leid. Vielleicht hätte ich ihm die ganze Wahrheit sagen sollen.
Hallo, Weihnachtsmann!
Hallo, Weihnachtskerl!
Dauert nicht mehr lange, bis der Weihnachtsrummel losgeht, richtig?

Ah, da haben wir ja unseren Menschenfreund.
KRAM UND KREMPEL
Ich sehe, Sie machen Mittag, Herr Grämig! Da wünsche ich einen guten Appetit!
Mein Appetit geht Sie einen Kehricht an, also verderben Sie ihn mir nicht!
MITTAGSPAUSE! BIN ZURÜCK, WANN ES MIR PASST!
Müssen Sie sich so träge auf dem Bürgersteig herumdrücken, wenn ich es eilig habe, Sie Trantüte?
Aua!
Verzeihung! Könnten Sie uns sagen, wo wir das Stadtmuseum finden?
Sicher könnte ich das.
Aber ich hab nicht die geringste Absicht, es zu tun!
!
Wer mit einer Karte in der Hand nach dem Weg fragt, hat es nicht anders verdient. So viel Boshaftigkeit muss schon sein!
ZUM GUTEN TON

Guten Tag, Herr Grämig. Womit kann ich Ihnen heute eine Freude machen?
Vergessen Sie's. Sie hüpfen doch niemals freiwillig in ein Fass Heringe.
Bringen Sie mir lieber was zu essen! Vier Rühreier und eine Portion Bratkartoffeln!
Wie immer.
Und mit einem Trinkgeld brauchen Sie gar nicht zu rechnen!
Niemand, der bei Verstand ist, würde mit einem Trinkgeld aus Ihrer Hand rechnen.
Irgendetwas sagt mir, dass ich in meiner Laufbahn schon vor leichteren Aufgaben gestanden habe.
Normalerweise spare ich mir meine martialischen Auftritte als maskierter Rächer für gestandene Superschurken auf...
BDOING!

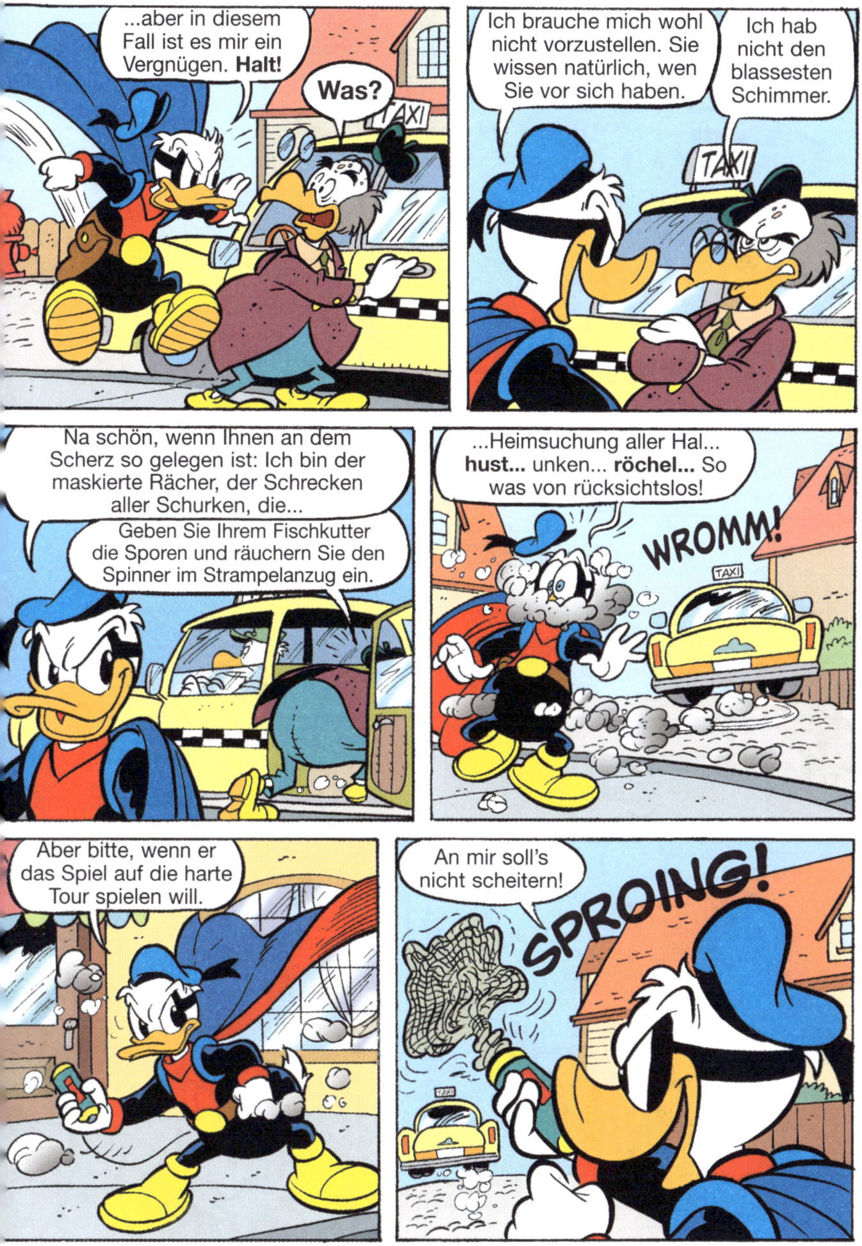
...aber in diesem Fall ist es mir ein Vergnügen. **Halt!**
Was?
TAXI
Ich brauche mich wohl nicht vorzustellen. Sie wissen natürlich, wen Sie vor sich haben.
Ich hab nicht den blassesten Schimmer.
TAXI
Na schön, wenn Ihnen an dem Scherz so gelegen ist: Ich bin der maskierte Rächer, der Schrecken aller Schurken, die...
Geben Sie Ihrem Fischkutter die Sporen und räuchern Sie den Spinner im Strampelanzug ein.
...Heimsuchung aller Hal... **hust...** unken... **röchel...** So was von rücksichtslos!
WROMM!
TAXI
Aber bitte, wenn er das Spiel auf die harte Tour spielen will.
An mir soll's nicht scheitern!
SPROING!
TAXI

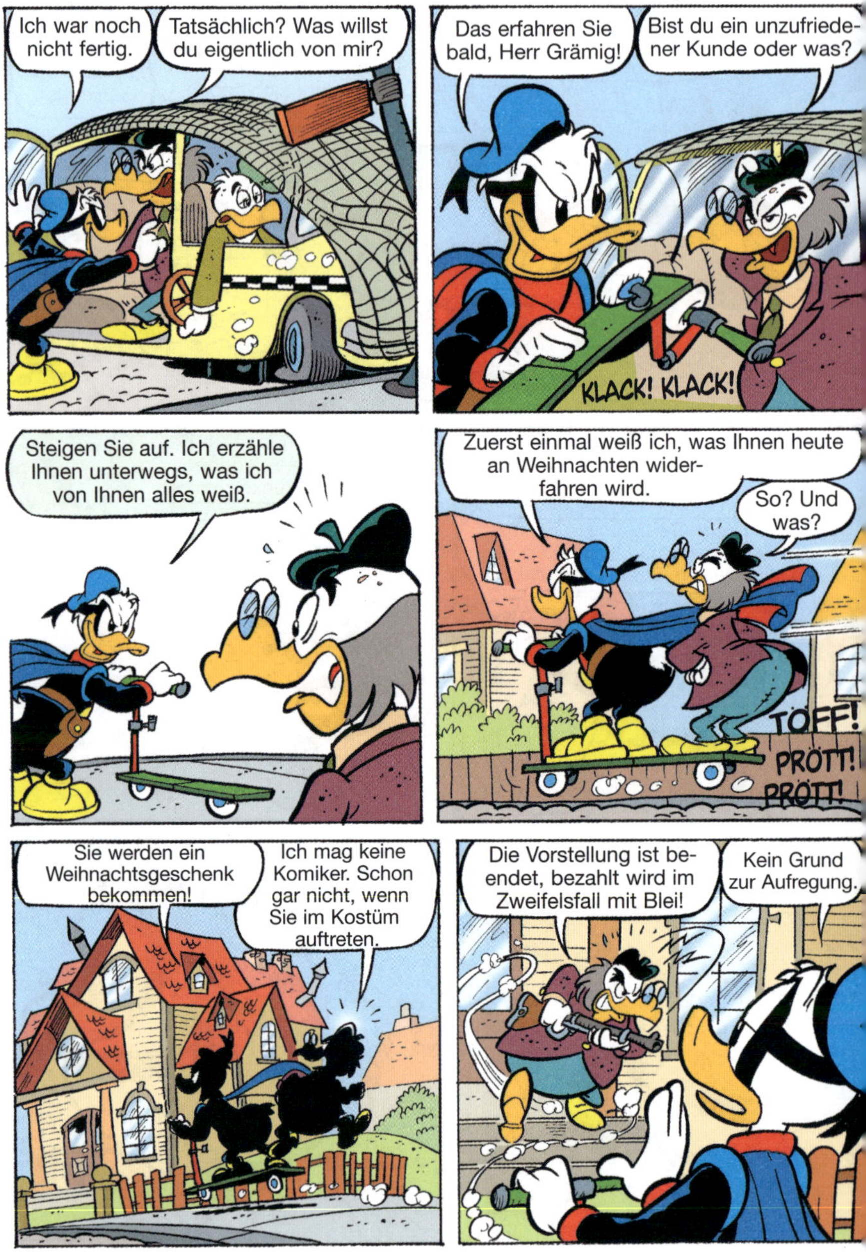
Ich war noch nicht fertig.
Tatsächlich? Was willst du eigentlich von mir?
Das erfahren Sie bald, Herr Grämig!
Bist du ein unzufriedener Kunde oder was?
KLACK! KLACK!
Steigen Sie auf. Ich erzähle Ihnen unterwegs, was ich von Ihnen alles weiß.
Zuerst einmal weiß ich, was Ihnen heute an Weihnachten widerfahren wird.
So? Und was?
TÖFF!
PRÖTT! PRÖTT!
Sie werden ein Weihnachtsgeschenk bekommen!
Ich mag keine Komiker. Schon gar nicht, wenn Sie im Kostüm auftreten.
Die Vorstellung ist beendet, bezahlt wird im Zweifelsfall mit Blei!
Kein Grund zur Aufregung.

Ich ahne, was in Ihnen vorgeht. Sie wollen sich für Unrecht rächen, das Ihnen in Ihrer Kindheit angetan worden ist!
Psychologische Bruchlandung!
Ich war schon als Pimpf die Pest in Pampers und hab den Großen eingeheizt, bis sie im Schweiß standen!
Ja, aber warum?
Weil ich die Leute nicht leiden kann! Und du stehst ab heute ganz oben auf meiner Liste, merk dir das!
Wie nett. Unsereiner freut sich über jeden neuen Fan!
Wär's denn nicht schön, wenn es jemanden gäbe, der an Sie denkt und ein Geschenk unter Ihren Weihnachtsbaum legt?
Ich besitze keinen Baum!
Dann eben neben den Kamin!
Hab keinen. Kamin kostet.
In den Strumpf?
Trage ich nicht!

Aber haben Sie denn nie das Bedürfnis verspürt, gut zu sein und sich durch die Freude der anderen belohnt zu fühlen?
Ich bin lieber böse und freu mich dann, wenn die anderen sich giften!
Und jetzt lass mich in Frieden! Ich muss meinem Nachbarn einen Besuch abstatten.
Ach? Wegen Weihnachten?
Ein Rausschmiss! Das Haus gehört mir und er zahlt unregelmäßig!
Aber es ist kalt!
Keine Sorge.
Das stört mich nicht.
Ich seh schon, diesem finsteren Gesellen kommt man nur mit List und Tücke bei!
Ein Gebiet, auf dem ich mich als Superheld am liebsten bewege!
MASK-O-BLITZ

Nicht mal meine Würmlinge würden mich in dem alten Weiblein wiedererkennen.
Mama, schau! Phantomias!
Wahrscheinlich eine Superhelden-App in einem unsichtbaren Handy. Heutzutage gibt's ja alles!
Verzeihen Sie bitte!
Wären Sie wohl so freundlich und würden mir über die Straße helfen, junger Mann?
Nun ja, über die ganze Straße...
...eher nicht! Aber bis zur Mitte mit Wonne!
Herrje! Es wird rot!
Hilfe!
WROMM!
WROMM!

Das hat nicht besonders gut hingehauen, wie?
Kommt drauf an, wie man es sieht.
Halb hingehauen hat es ja! Also könntest du ihm ein halbes Fläschchen Haarwasser schenken!
Spar dir die Scherze, Phantomias! Lass dir lieber was Neues einfallen!
Das hab ich bereits!
Bitte, auf ein Wort, junger Mann!
Sie schon wieder?
Verzeihung, aber würde es Ihnen etwas ausmachen, einer gebrechlichen alten Dame Ihren Sitzplatz zu überlassen?
Gar nicht. Ich steige ohnehin demnächst aus.
Machen Sie es sich ruhig bequem! Hehe!
Hrmpf!

/an startet zahlreiche ähnliche Ver-
uche und gelangt doch immer wie-
er zu demselben Ergebnis...
Zu Hilfe! Mein Kätzchen sitzt im Baum und kann nicht mehr herunter!
Ach, junger Mann, wären Sie so freundlich und würden mich und meinen kleinen Liebling wieder zusammenführen?
Aber mit Vergnügen!
Also wirklich! So hatte ich mir das nicht vorgestellt!
Äußern Sie sich halt verständlich!
Und...
Herrje! Fast wäre mir meine Brille in den Gully gefallen!
Das haben wir gleich!
Fertig! Gutes Gefühl, wenn etwas zu Ende gebracht ist, nicht?
KICK!
Er wird nie etwas Gutes tun, Weihnachtsmann.
Hrmpf! Abwarten!

Phantomias hat seine Methoden.
Dem fällt bestimmt das Richtige ein.
Aber die Zeit wird langsam knapp.
Ich habe es schon mit den hartleibigsten Halunken vor dem Herrn aufgenommen! Da werde ich es doch wohl schaffen, diesem griesgrämigen Dickschädel wenigstens den Schatten einer guten Tat abzutrotzen!
Überlisten müsste man ihn, leichtfüßig und wie nebenbei! **Mampf!**
Und ich glaube, ich weiß auch schon, wie das gelingen könnte! **Hihi!**

Pah! Diese Jugend von heute! Eine Schande!
Sie schon wieder! Wo drückt dieses Mal der Schuh?
Hausschlüssel verloren? Hamster entlaufen? Die dritten Zähne verlegt?
Lieb, dass Sie fragen! Aber es ist etwas anderes.
Sehen Sie sich das an! So geht eine ganze Zivilisation zugrunde!
Ich sehe nur ein Bonbonpapier.
Eben! Jemand hat es einfach auf die Erde geworfen, anstatt in den Papierkorb!
Ob Sie sich wohl zu einem Beispiel guter Erziehung entschließen könnten?
Mir selbst verbietet es mein schmerzender Rücken.
Sie möchten, dass ich das Papier aufhebe?
Na schön, mach ich es halt! Vielleicht lässt mir die alte Nervensäge hinterher endlich meinen Frieden!
Einen Moment, wenn Sie erlauben.

Warum sollte ich?
Berechtigte Frage!
Um Ihr Verständnis zu fördern, muss ich vielleicht sagen, dass ich der Vorsitzende des Freundeskreises „Freiheit für Verpackungen“ bin!
Sie sollten wissen, dass mein Verein sich einsetzt für das Recht auf freies Erflattern der Welt durch papierene Verpackungen! Gut, oder?
Jeder spinnt, wie er kann. Was geht das mich an?
Nicht ganz wenig. Wenn Sie diesem Bonbonpapier seine naturgegebene Freiheit lassen, sind Sie um zehn Taler reicher.
Im Ernst?
Her damit! Vom Bücken halte ich eh nicht viel. Das geht nur ins Kreuz.
Und Ihr Beispiel guter Erziehung?
Soll ein anderer geben, der auch eine bekommen hat. Mir liegt Nehmen ohnehin mehr.

Saubere Arbeit. Jetzt will ich wissen, wer Sie wirklich sind!
Das hörst du vielleicht besser von mir.
XXL
Wenn ich also vorstellen darf: der Weihnachtskerl!
Freut mich, Phantomias!
XXL
Seid ihr etwa verwandt?
Ja, leider schon.
Wir sind Vettern. Aber wie es manchmal so ist, sehen wir die Welt mit völlig verschiedenen Augen.
Das stimmt! Er versucht, die Menschen dazu zu bringen, etwas Gutes zu tun...
DONALD DUCK
...und ich möchte, dass sie ihrer inneren Natur folgen!
Alle Menschen neigen von Natur aus zum Guten!
Und sie würden ihrer Natur folgen, wenn du nicht ständig dazwischenfunken würdest!
Diese fruchtlose Diskussion führen wir seit zwei Jahrtausenden!

Hättest du nicht eingegriffen, hätte Griesbert Grämig heute eine gute Tat getan und von mir ein besonders schönes Geschenk bekommen!
Einen Toaster vielleicht? Dafür ändert sich einer wie er nicht.
Er hat recht! Einer wie dieser Grämig tut sich nur selbst etwas Gutes, und zwar indem er boshaft zu anderen ist.
Tja, mag wohl sein.
Gut! Wenn du das einsiehst, haben wir eine kleine Rechnung miteinander zu begleichen, nicht wahr?
Nein! Einen Versuch soll Phantomias noch machen!
Tu's im Namen all der Kuscheltiere, die ich dir gebracht habe, als du noch ein Küken warst!
Wie elegant er ihn schwingt, den moralischen Zaunpfahl.
Gut, auch wenn ich weiß, dass es sinnlos ist.
Danke, mein Superheld!

Das kriegt er nie gebacken!
Spar dir die Lästerei, sonst schenk ich **dir** einen Toaster!
Hallo, Herr Grämig!
Stöhn! Nicht der schon wieder!
KUNST DER VERACH
Wenigstens kommst du mir nicht mehr als maskiertes Mütterlein. War das peinlich!
Jaja, genug gegiftet! Ich hab mit Ihnen zu reden!
Erfahre ich dann endlich, warum du ständig meine Nähe suchst?
Jedenfalls nicht freiwillig! Wenn ich die Wahl hätte, würde ich lieber einen Monat lang Münzen polieren!
Interessant! Darf ich fragen, um wessen Münzen es sich dabei handelt?
Nein. Das ist eine andere Geschichte.
Hören Sie zu! Ich mache Ihnen einen Vorschlag, den Sie bestimmt nicht ablehnen werden!
Der wäre?

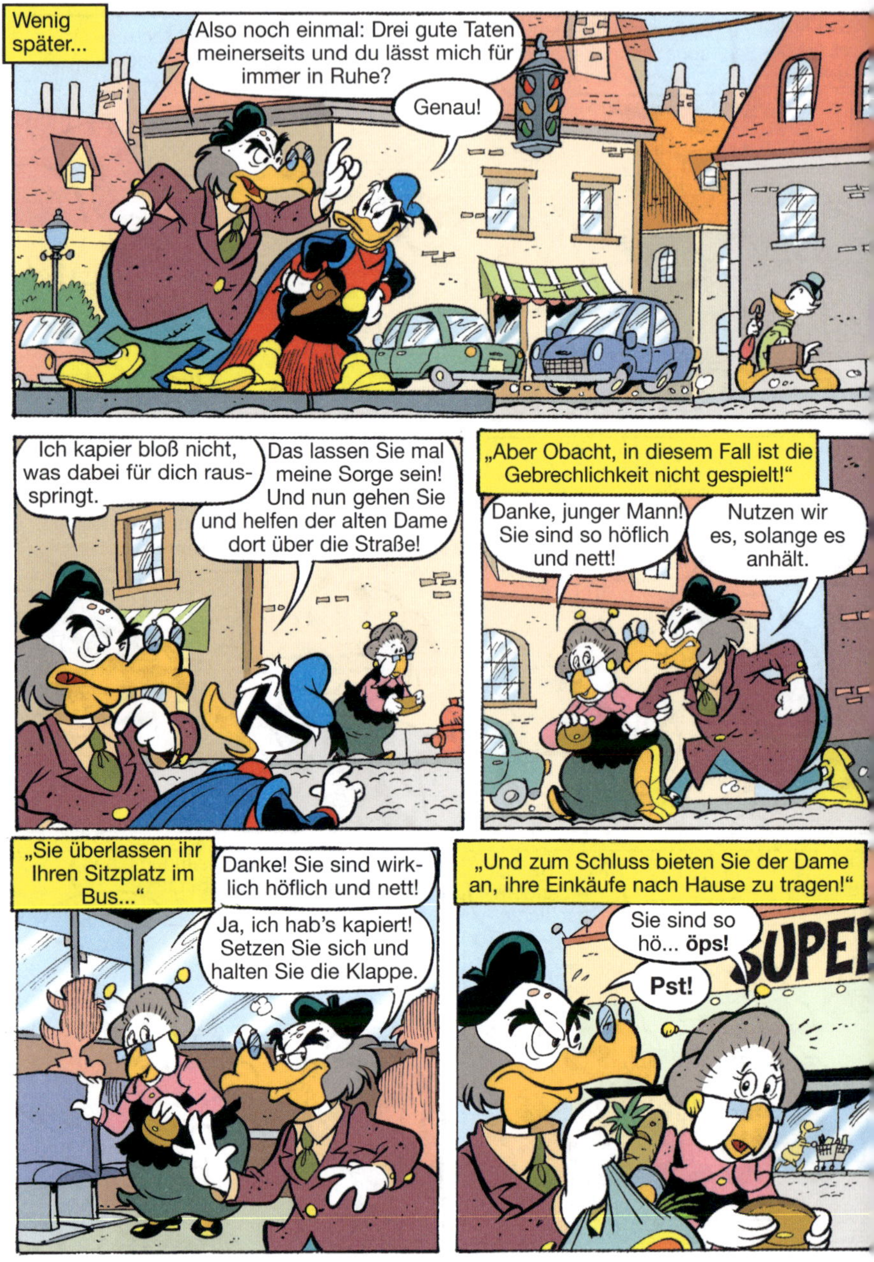
Wenig später...
Also noch einmal: Drei gute Taten meinerseits und du lässt mich für immer in Ruhe?
Genau!
Ich kapier bloß nicht, was dabei für dich rausspringt.
Das lassen Sie mal meine Sorge sein! Und nun gehen Sie und helfen der alten Dame dort über die Straße!
„Aber Obacht, in diesem Fall ist die Gebrechlichkeit nicht gespielt!“
Danke, junger Mann! Sie sind so höflich und nett!
Nutzen wir es, solange es anhält.
„Sie überlassen ihr Ihren Sitzplatz im Bus...“
Danke! Sie sind wirklich höflich und nett!
Ja, ich hab's kapiert! Setzen Sie sich und halten Sie die Klappe.
„Und zum Schluss bieten Sie der Dame an, ihre Einkäufe nach Hause zu tragen!“
Sie sind so hö... **öps!**
Pst!

Was habe ich gesagt? Heute Abend bekommt auch Griesbert Grämig sein erstes Weihnachtsgeschenk!
Mach halblang, sonst haut die Enttäuschung umso heftiger rein!
Red du nur! Jeden Moment muss mein Handy bimmeln!
Das ist dann die Bestätigung dafür, dass die fragliche gute Tat endlich vollbracht worden ist!
Und du weißt ja, was das für dich heißt, Vetterherz!
Hrmpf!
Warum dauert das so lange? Die Nachricht müsste längst da sein!
Vielleicht defekt?
Darauf würde ich nicht hoffen!

Das Handy funktioniert einwandfrei, und dennoch wird die bewusste Nachricht niemals eintreffen!
Wieso nicht? Grämig hat doch gleich drei gute Taten vollbracht!
Weil ich ihn gezwungen habe! Eine gute Tat ist nur eine solche, wenn sie aus freiem Willen geschieht!
Er hat recht!
Siehst du, mein Bester, das ist der Vorteil der bösen Tat... man muss es nicht gut meinen, wenn man sie tut!
Ach, spar dir die schalen Scherze!
Willst du mir damit sagen, dass Griesbert Grämig auch in diesem Jahr kein Geschenk bekommt?
Steht zu befürchten.
Versucht haben wir es wenigstens! Nanu?
Mein Handy! So seltsam hat es aber noch nie geklungen.
BRIEP! BRIEP! BRIBITT!
Das ist ja eine Liveübertragung von Gutmensch-View aus Grämigs Haus?

Sag, dass du auch siehst, was ich sehe, Phantomias! Ich glaub's sonst nicht!
Das ist...
„...der Kunde, dem Grämig den kleinen Preisnachlass verweigert hat!“
Und ich dachte, es sei umgekehrt! Dass ihm keiner was geschenkt hat, weil er so ein unangenehmer Zeitgenosse ist!
Du hast dich geirrt. Schau doch nur, wie er strahlt vor Glück!
Für mich? Wieso?
Weil ich glaube, dass Sie nur so böse sind, weil Sie noch nie ein Geschenk bekommen haben!
Also habe ich beschlossen, meine zehn Taler für **Sie** auszugeben!
Ein Geschenk für mich? Was ist es denn?
Ach, nur eine Kleinigkeit.
Das stimmt nicht! Es... es ist wunderschön! **Schnüffz!**

Was hat er ihm denn geschenkt?
Ich hab's nicht gesehen. Lass es noch mal laufen!
Es ist doch gleichgültig, was es ist.
Was zählt, ist, dass dieser Mann jemandem ein Geschenk gemacht hat, der es eigentlich gar nicht verdient hat!
Einer netten Person etwas zu schenken ist leicht. Doch bei einem Griesgram braucht es Überwindung!
Da hast du wohl recht, Phantomias.
Aber ab heute wird Griesbert Grämig ein bisschen freundlicher sein, da gehe ich jede Wette ein!
Apropos...
Haben wir nicht eine Kleinigkeit vergessen, werter Herr Vetter?
Schon gut! Ich gebe zu, du hast gewonnen! Hier sind die fünf Taler!
Was? Der ganze Wirbel nur wegen einer Wette? Das ist nicht euer Ernst!
Ähem... doch.

Ziemlich egoistisch für den Weihnachtsmann!
Im Nachhinein betrachtet, ja! Daher will ich das Geld nicht für mich behalten.
Wisst ihr was? Ich lade euch beide auf einen zünftigen Weihnachtsumtrunk ein!
Vergiss nicht, dass du noch zu arbeiten hast!
ZUM RÜSTIGEN RENTIER
Stimmt! Aber das hat noch ein, zwei Stündchen Zeit.
Es fängt an zu schneien!
Wunderschön! Wenn es an Weihnachten schneit, fühle selbst ich eine ungewohnte Milde in mir.
Geht das am Ende gar so weit, dass du die Rechnung übernehmen möchtest?
Wir wollen nicht übertreiben!

Der Schatz am Südpol

Sergio Badino (Story), **Antonella Dalena** (Zeichnungen)

Ein paar Tage zuvor...
1910-2013 REISEN ZUM ENDE DER ERDE
Schön, dass Sie gekommen sind.
Die Ausstellung vor der Eröffnung sehen zu können, war einfach zu verlockend.
Ich wusste ja gar nicht, dass die Erde Enden hat.
Das sagt man auch nur so. Die erste Expedition...
...zum Südpol startete 1910 und entwickelte sich dann...
...zu einem Wettlauf zwischen diesen beiden Forschern!
Aha!

Dem Norweger Roald Amundsen, der den Südpol am 14.12.1911 mit seinen Leuten erreichte...
...und dem Engländer Robert F. Scott, der 30 Tage nach Amundsen dort ankam.
Dann war er Zweiter.
Ja, aber trotzdem war auch er ein berühmter und tapferer Pionier.
Und weshalb haben Sie uns nun herbestellt, Professor Zapotek?
Weil vor ein paar Tagen eine Seite aus Amundsens Tagebuch gefunden wurde...
...auf der etwas von historischer Bedeutung zu lesen ist!
Oh!

Im August 1910 schrieb er: „Kurz vor der Abreise suchte ich einen Talisman für die Expedition und fand...“
„...in einer alten Truhe die handschriftliche Notiz eines meiner Vorfahren...“
„...des Wikingerfürsten Fyökul der Fahrende.“
„Auf die Rückseite der Notiz hatte er etwas gezeichnet...“
„...das offenbar eine Karte von Antarktika war.“
„Das bedeutete, dass Fyökul dort gewesen sein musste.“

Ich dachte immer, Antarktika wurde erst 1820 entdeckt?
Tja, die Wikinger waren wohl schon 1000 Jahre früher dort.
Amundsen berichtet, sein Ahne habe sich mit zwei Langschiffen auf den Weg gemacht.
„Die Drachenboote waren allem gewachsen. Doch als sie Antarktika erreichten...“
„...gerieten sie in einen schweren Sturm. Eins der Schiffe...“

...wurde schwer beschädigt und musste aufgegeben werden.
Wie... etwa mit Mann und Maus?
Eine gute Frage. Die Wikinger hatten unterwegs reiche Beute gemacht, aber nun musste sich...
„...Fyökul entscheiden, was er retten wollte: den Schatz oder seine Leute.“
Seufz!
Er entschied sich schweren Herzens, den Schatz zurückzulassen...
Also ist der Schatz noch dort. Und die Karte?
Die begleitete Amundsen auf seiner Expedition. Hätten Sie nicht Lust, daran teilzunehmen?
Schon, aber dort war es doch mächtig kalt, oder?

Äh... was ist das?
Ihre Ausrüstung! Die hat Professor Marlin für Sie besorgt.
Und wenn Sie auf Scott oder Amundsen treffen, dürfen Sie nichts tun, was deren Mission...
„...irgendwie beeinflussen könnte."
2013
1911
So...
Uff! Das war zum Glück mal eine weichere Landung.
Oje!
Halt, ihr Piraten!

Sie irren sich. Wir sind keine...
Quatsch! Hier gibt es außer uns nur Piraten und Scotts Leute.
Dann gehören Sie zu Amundsen?
Schweig, Schurke!
Grüßt euch, Jungs! Wie war's?
Habt ihr die Piraten gefasst?
Die scheinen ja reichlich nervös zu sein.
Ja, aber nur zwei. Von den anderen keine Spur.
Trotzdem war das gute Arbeit!

Wir drehen zur Sicherheit noch eine Runde und kehren dann zur Basis zurück.
Einverstanden! Und wir fahren direkt ins Lager!
Wirklich seltsam, von Piraten war damals eigent-lich nie die Rede!
Ich frag mich auch, was Piraten hier anrichten sollten!
Tut nicht so unschuldig! Ihr Strauch-diebe wollt die Expedition sabotieren!
Aber Goofy und ich sind keine Piraten.
Es hat keinen Zweck, das zu leugnen.
Die Wahrheit wird gleich ans Licht kommen. Wir sind in Framheim.
Das ist aber ein komfortables Lager.

Tag, Roald! Wir haben zwei geschnappt.
Die sehen aber nicht wie Piraten aus.
Das versuche ich die ganze Zeit zu erklären.
Nanu? Da kommt ja noch einer.
Scott! Was soll das?
Ich bin nicht zum Spaß hier, Amundsen.
Es war abgemacht, dass Sie mein Lager unter keinen Umständen betreten!
Ich weiß, aber darum geht es jetzt nicht!

Worum dann? Ist Ihnen der Tee ausgegangen?
Sehr witzig, Amundsen! Darf ich später darüber lachen?
Gut, also... weshalb sind Sie hier?
Um Sie zu warnen!
Und wer ist das da schon wieder?
Der, den ihr die ganze Zeit sucht!
Er hat mich und meine Leute in seiner Gewalt.
Sehr richtig! Wir haben sie als Geiseln genommen! Aus einem Grund...
Los, her mit der Karte!

Welche Karte? Wovon reden Sie?
Von der Schatzkarte natürlich, du Komiker!
Ich weiß, dass du Fyökuls Karte gefunden hast. Also gib sie mir!
Oder willst du deine Freunde auf dem Gewissen haben?
KLACK!
KLACK!
KLACK!
Gut! Hier ist sie!
Eine weise Entscheidung.
Nun ist wohl jedem klar, dass wir keine Piraten sind.
Schon, aber was nützt uns das jetzt noch?

„Wir sind schließlich nur vom Regen in die Traufe geraten."
So, ihr Pfadfinder! Und jetzt hackt ihr euch eine hübsche Eisscholle los!
Der will uns tatsächlich dem Meer ausliefern.
Wird's bald?
Umpf!
Ich nehme an, ihr wollt mein Gesicht sehen? Ich zeig's euch.
Ihr könnt mich ja nicht mehr verraten! **Harr! Harr!**

Kater Karlo!?
Nein, Karlo Karzer. Ein Schurke ohne Skrupel.
Tja, der Apfel fällt nicht weit vom Stamm.
Arbeiten Sie immer noch für Zirkonia?
Sicher! Zirkonische Agenten haben eure Mission monatelang ausspioniert.
„Daher wussten wir von Fyökuls Schatzkarte!“
Man hat mich beauftragt, das Gold zu bergen! Ohne Zeugen zu hinterlassen!
Zirkonia ist bankrott, aber dass sie so weit gehen würden...

Wer einen wie Karzer anheuert, ist zu allem bereit.
Und Sie haben ihn ins Lager geführt.
Er war bewaffnet und hat uns überrumpelt.
Na und? Sie hätten sich was einfallen lassen können, ohne unsere...
...Mission zu gefährden. Jetzt kann Karzer auch noch den Südpol zuerst erobern.
Stopp! Wir sitzen schließlich alle im selben Boot.
Auf derselben Eisscholle.
Das werden wir ja sehen.
HACK!
Was haben Sie vor?
Hrmpf! Mich mit meinen Leuten abzusetzen.
HACK!

Eine blendende Idee! Also los, Leute! Die wahren Eroberer alle zu mir!
Hau ab in deinen Fjord!
Und du zu deinem Big Ben!
KRICKS!
KRACK!
Aah!
Schnell, gib mir deine Hand, Micky!

Uff! Danke, Goofy! Das war gerade noch rechtzeitig!
Schon, aber sieh doch, die anderen...
Sie driften ab!
Scott! Amundsen! Versuchen...
...Sie, das Ufer zu erreichen!
Hrmpf! Gemeinsam mit dem da? Nie im Leben!
HACK! HACK!
HACK!
Und die Eroberung des Südpols?
Auf geht's zum Ufer! **Hihi!**
Goofy, du bist genial!

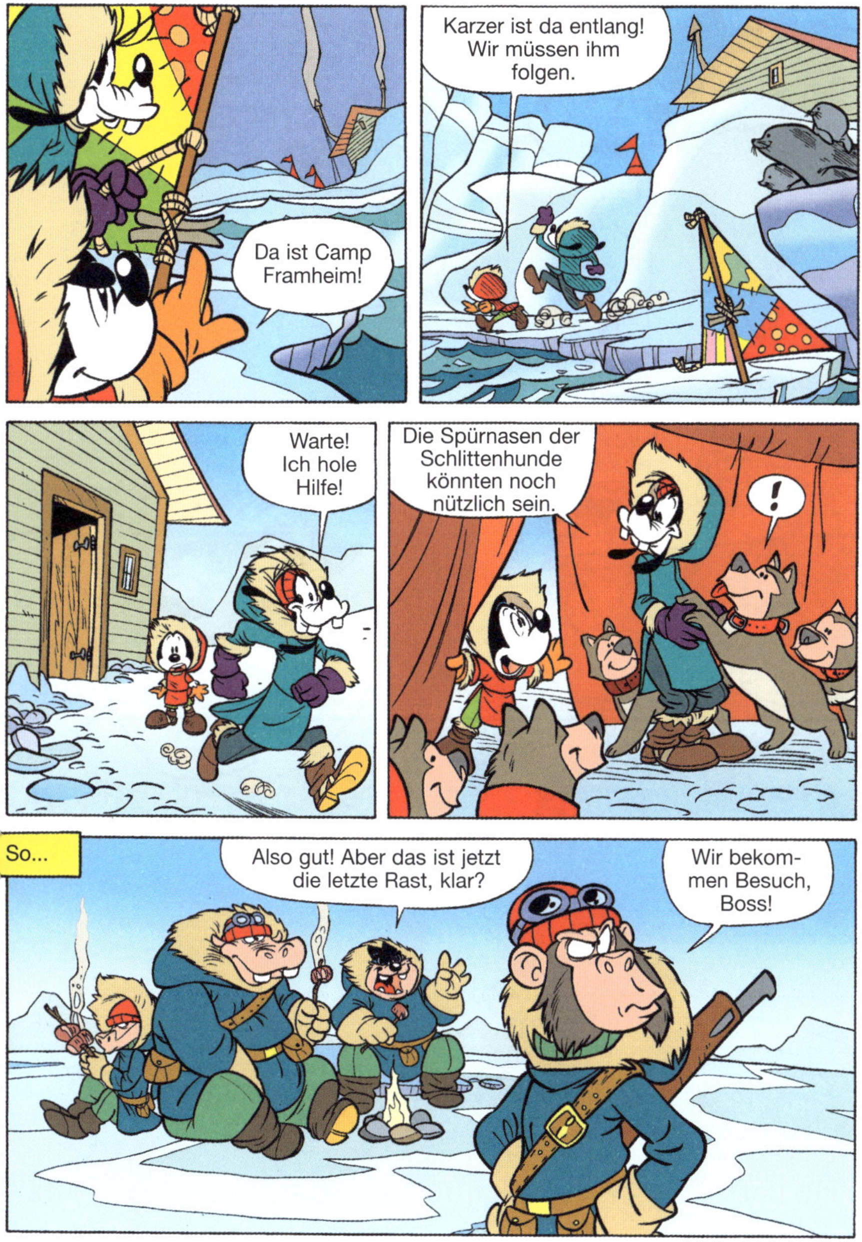
Da ist Camp Framheim!
Karzer ist da entlang! Wir müssen ihm folgen.
Warte! Ich hole Hilfe!
Die Spürnasen der Schlittenhunde könnten noch nützlich sein.
!
So...
Also gut! Aber das ist jetzt die letzte Rast, klar?
Wir bekommen Besuch, Boss!

Ihr schon wieder?
Gib lieber auf, Karzer!
Würde ich ja, aber meine Leute wollen nicht! Harr!
Harr! Harr! Wo ihr schon mal da seid, könnt ihr euch...
„...ein wenig nützlich machen.“
Dieser Spalt ist in Amundsens Karte verzeichnet. Also haltet euch bereit!

Ihr helft uns beim Bergen des Schatzes, danach sehen wir weiter!
Schau mal da, Boss!
Ach, du dicker Eisberg!
Fyökuls Langschiff! Völlig unversehrt!
Ab in den Laderaum!
Damit dürfen sie nicht durchkommen.
Was blinkt da so?

Seht doch! Der Schatz! Er gehört uns!
Wahnsinn! Wie sollen wir den fortschaffen?
Wir sprengen das Eis! Schafft das Dynamit her!
Aber spreng mir ja kein Leck ins Schiff, kapiert?
KAWUMM!
BUMM!
KNARZ!
KRICKS!

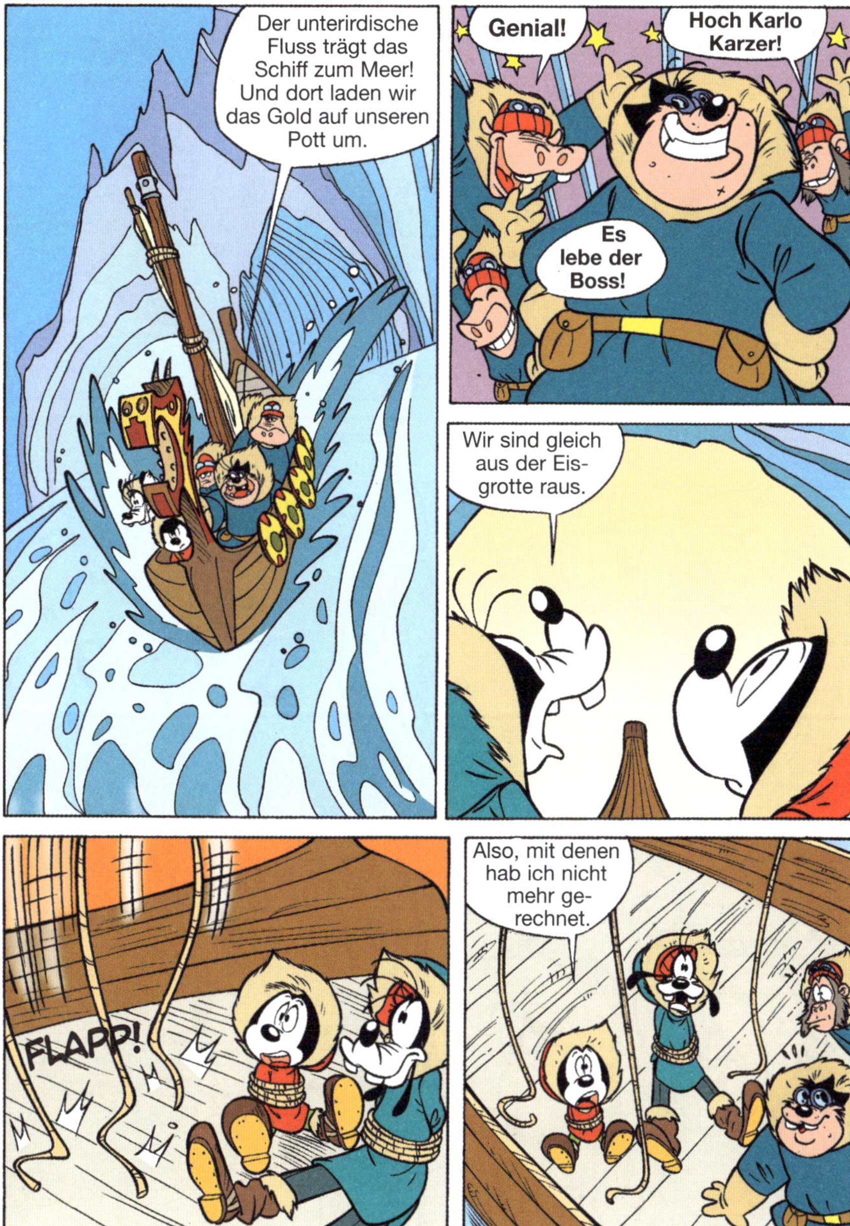
Der unterirdische Fluss trägt das Schiff zum Meer! Und dort laden wir das Gold auf unseren Pott um.
Genial!
Hoch Karlo Karzer!
Es lebe der Boss!
Wir sind gleich aus der Eis-grotte raus.
FLAPP!
Also, mit denen hab ich nicht mehr ge-rechnet.

Grrr! Wie habt ihr es denn ans Ufer geschafft?
Indem wir gemeinsam an einem Strang gezogen haben!
„Unser Streit hat alle in große Gefahr gebracht..."
„...aber unsere Leute haben uns davon überzeugt, dass wir uns..."
„...vertragen müssen."
Äh... ja. Hehe!
Hier haben wir das Kommando, klar?
Aber wir haben die Waffen!

Also ladet ihr entweder den Schatz auf unser Schiff oder ihr geht über Bord!
Hm...
Pst... pst, pst...
Von einer Pfadfindertruppe lass ich mich nicht verschaukeln!
Grmpf! Das ist alles nur deine Schuld!
Quatsch! Du hast es vergeigt!
Womit wir wieder am Anfang der Geschichte wären...
Wieso hast du unsere Eisscholle umgebaut?
Weil du so was nie geschafft hättest.
Das reicht jetzt!
Noch einen Mucks und ihr landet... **argh!**
KRICKS! KRACKS!

O nein! Das Boot geht unter!
Dann los, nichts wie aufs Eis!
Rette sich, wer kann! Hepp!
Komm schon, Karzer!
Nein! Buhuuu! Mein schöner Schatz!
GLUCKER!
BLUBB!
Ihrer, meint er wohl.
Nein! Auch wenn Fyökul mein Vorfahre war, der Schatz wäre sein gewesen.

Grunz! Wie habt ihr uns überhaupt gefunden?
Bevor die Wikinger Antarktika verließen...
...haben sie das Boot in einer Höhle im Eis versteckt.
Die Karte!
„Doch ich sah sofort, dass sich einiges verändert hatte.“
„Das Eis war gewandert und hatte Schiff und Schatz mitgenommen.“
„Den Spalt zeichnete ich als Orientierungshilfe in die alte Karte ein. Daher ahnte ich, wo das...“
...Schiff liegt! Ich hatte recht.
Grmpf!

„Als Scott und ich die Mündung der Flusshöhle im Eis gefunden hatten..."
...wussten wir natürlich auch, wo das Langschiff zutage treten würde.
Hätten Sie mir auch die Originalkarte abgenommen, wäre uns das nie geglückt.
Und du, du Naseweis...
...woher wusstest du von dem Leck?
Das Holz war uralt und hatte 1000 Jahre im Eis gelegen. Mir war klar...
„...dass das vereiste Holz bei Kontakt mit dem Meerwasser schmelzen und das Schiff sinken würde."
Als Ablenkungsmanöver taten Goofy und ich so, als würden wir uns streiten...

„...was wir sonst nie und nimmer machen würden.“
Karzer und seine Leute sind verschwunden.
Die werden schweigen! So wie wir!
Und Sie? Werden Sie jetzt gemeinsam den Südpol erobern?
Nein! In diesem Punkt sind wir Rivalen, aber dennoch sind wir...
„...Freunde!“
Dann haben die Wikinger Antarktika tatsächlich als Erste entdeckt?
Das beweist Fyökuls Karte.
Und wo ist die Karte?
Tja, die liegt leider am...
„...Grunde des Eismeers.“
Mach's gut, Fyökul.
ENDE

Rudy Salvagnini (Story), **Alessandro Barbucci** (Zeichnungen)

Hehe... kleiner Scherz! Tatsächlich habe ich eine fantastische Überraschung für dich!
Wirklich? Was ist es?
Wird nicht verraten! Und nun entschuldige mich bitte, ich habe noch ein paar Kleinigkeiten zu regeln!
Ich freu mich!
Gala statt gemütlichem Abend vor der Glotze... Wie ansatzlos das Schicksal oft zuschlägt.
Ich hab nur noch ein paar Stunden, um irgendwas auf die Beine zu stellen!
WROMM!
Und nur ein paar kümmerliche Kröten: achtundzwanzig Taler und sieben Kreuzer.
Wagemutig wendet man sich als Erstes an das beste Haus am Platze...
ZUR GÜLDENEN GABEL
Hm. Ihr Budget würde es uns erlauben, Ihnen einen Toast für zwei zu servieren. An einem Stehtisch in der Vorhalle, wie sich versteht.
HEUTE NEUJAHRSBALL (WANN SONST?)

...um danach demütig im zweitbesten vorzusprechen...
Für diesen Betrag servieren wir einen Toast für zwei, den Sie in unserem Speisesaal genießen können.
Im Stehen?
HEUTE: SILVESTERBALL DER BESSERGESTELLTEN
Gewiss. Aber in Sichtweite eines Sitzplatzes.
Ich kann nicht sämtliche Lokale abklappern! Ich wende mich lieber an eine Agentur, die mir etwas vermittelt!
AGENTUR ARGUS-AUGE
FÜR JEDEN BEUTEL DER PASSENDE BALL!
Einen Ort, um eine Dame zum Tanz auszuführen? Den kann ich Ihnen bieten!
Wirklich? Ist es weit von hier?
Keineswegs! Es handelt sich um das Kellergewölbe dieses Gebäudes. Sehr gemütlich, sehr intim.
Schluck!
BLIBB!
BLIBB!
PITSCH!
PITSCH!

Sie haben freie Hand, mein Herr. Sie dürfen nach Herzenslust walten und gestalten! Der Saal gehört Ihnen!
Im Übrigen hat er fließendes Wasser, das nicht einmal extra berechnet wird.
Welch ein Luxus. Mir fehlen die Worte. Zum Glück.
Für die Dekoration sind Sie selbst zuständig. Aber was Getränke und Essbares angeht, bin ich bereit, gegen finanzielle Vorleistung zu liefern.
Sie haben nicht zufällig noch etwas anderes im Angebot?
Tja, wenn Sie mich so fragen. Doch, da wäre durchaus etwas, aber...
Vergessen Sie das Aber! Ich bin zu allen Schandtaten bereit!
Daher...
Aber, Donald, das ist das beste Lokal der Stadt! Bekannte Gesichter, wohin man sieht!
Dann passen wir ja perfekt zum Publikum, Daisyschatz!

Wunderbar! Aber wie kommt es, dass du dir das leisten kannst?
Es hat mich lediglich ein Ja zu einer kleinen Verpflichtung um Mitternacht gekostet.
Verpflichtung welcher Art?
Nicht der Rede wert!
Schließlich...
Es ist so weit, Herr Duck. Wenn Sie sich bitte in den Garten begeben würden.
Was wird denn das, Donald?
Ein dynamischer Start ins neue Jahr. Falls alles glattgeht.
Schießt den Vogel ab!
FROHES NEUES JAHR!
ENDE

Stefano Ambrosio (Story), **Marco Mazzarello** (Zeichnungen)

Nun, alles begann vor ein paar Tagen...
S.O.S.
Oha! Mein Supergehör hat einen Hilferuf aufgeschnappt!
Er kommt aus dem fernen Pegasussystem. Na bitte, da haben wir die Bescherung ja schon.
Dafür kann ich wirklich nichts, Schatz! Dieser Komet kam aus dem Nichts!
Pah! Kometen sind nicht plötzlich da. Du hast ihn sicher übersehen!
Dann mache ich mich mal auf den Weg. Ich schätze, ich werde 13,5 Sekunden brauchen.
Erhellend ist dieser Rückblick ja nicht gerade, oder? Gehen wir lieber noch ein paar Tage zurück, womit wir...

...wieder auf der Erde wären. Genauer gesagt, in Entenhausen...
GOOFY
Die Post ist da! Ich habe hier einen Brief für Herrn Goofy!
Und der Post-dienst vom Athenäum mit einem Eilbrief für Herrn Super-goof!
Hjuck! Der bin ich.
Was? Sie sind Supergoof, der Superheld?
Äh... aber Unsinn! Sie kennen mich doch. Ich bin einfach nur Goofy, sonst gar nichts.
Puh! Alles klar. Sie sehen Super-goof ja auch gar nicht ähnlich.
?
GOOFY
Unerhört! Es ist immer dasselbe. Da schickt man mich durch drei Sonnen-systeme, nur damit ich feststelle, dass die Adresse mal wieder nicht stimmt.

Der Kleine tut mir echt leid, aber ich kann es eben nicht riskieren, dass meine Geheimidentität ans Licht kommt. Ich fliege ihm gleich nach...
...aber erst will ich wissen, was mir mein Neffe Alfons in seinem Brief mitteilen will.
RITSCH!
Lieber Onkel, ich sollte Dich daran erinnern, dass das Weihnachtsessen dieses Jahr bei mir stattfindet, was ich hiermit tue.
Liebe Grüße Dein Alfons
Wie lieb von ihm. Trotzdem mache ich mir besser noch einen Knoten ins Taschentuch.
ZIPP!
Und jetzt die Supernuss...
TA-DAH!

Das war zu früh! Ich brauche noch 5,6 Sekunden bis zum Schiff.
Ups! Also, äh... Supergoof hatte den Postboten rasch eingeholt.
Eine Nachricht vom Athenäum für Superhelden.
Du wurdest für den Weiterbildungskurs „Metaquantenmechanische Verzerrung im multidimensionalen Raum“ ausgewählt.
Wirklich nett, dass ihr da an mich gedacht habt, ehrlich... **gähn!** Aber ich hab momentan leider gar keine Zeit für so was.
Das lassen wir nicht gelten. Die Teilnahme an einem solchen Kursus ist Pflicht!
Aber ich bin zu beschäft...

Und ich bin nur eine holografische Botschaft. Es ist also völlig zwecklos, mit mir diskutieren zu wollen. Ich werde dich jetzt...
ZAPP!
...auf die Schulbank der ersten Klasse der Astroschule teleportieren. Der Kurs hat bereits begonnen.
POFF!
Und so...
Und nun dividiert ihr den heuremitischen Funktionswert einer Hypernova mit der Quadratwurzel eines Schwarzen Lochs.
ALF

Die Tage vergehen...
Wer von euch weiß, wie man schneller als das Licht reist?
Gähn!
Ich weiß es! Man sucht einfach ein Wurmloch und schlüpft hinein.
Hust! Hust!
Bravo, Staubmann! Die Antwort ist richtig! Du bist wie immer der Klassenbeste.
Hat-schomm!
PAFF!
Kein Wunder... hatschiii! Dieser Streber bringt ja auch jeden mit seinem Sternenstaub zum Nießen! Ich frage mich wirklich, was ich hier überhaupt soll! Hatscha!
PRUST!
Oh, ein Knoten! Der sollte mich doch an etwas erinnern. Aber an was?
Ach natürlich! An das diesjährige Weihnachtsessen bei Alfons!
Pst!

Wir werden nun die Effekte im Einzelnen studieren, die sich beim Eintritt in ein Wurmloch ergeben. Licht aus bitte!
Das ist die Gelegenheit zum Abhauen.
AUSGANG
ANDENKEN
Prima! An dem Automaten da vorne kann ich sogar noch ein paar Geschenke besorgen.
Das ist viel bequemer als bei uns in Entenhausen. Ich stecke nur meine Astrokreditkarte rein und schon hab ich die Geschenke im Sack.
Und in der Sofortschneiderei kann man sich innerhalb von wenigen Sekunden neu einkleiden lassen. Genau der richtige Service für einen leicht verspäteten Weihnachtsmann.

Erstaunlich! Das ist mit Abstand das schönste Kostüm, das ich je hatte.
Der Weihnachtsmann!
ZAPP!
Keine Bange! Der ist geliefert!
?!
Dazu müsstest du ihn erst mal treffen! Nun schieß schon, du Niete!
Wenn du an mir rüttelst, wird das nie was!
ZAPP!
ZAPP!
He! Immer mit der Ruhe! Ich bin's doch: Supergoof! Seht her!

Gut, aber dann erklär mir mal, wieso du zwei harmlose Senioraner so erschrecken musst.
Ach? Wer ist hier harmlos?
DING! DING!
Aaah! Orion und die Weihnachtsbande von Pegasi 5!
DENG! DENG!
Klar zum Entern!
KLING! KLING!
He! Was soll denn das?

Dann werde ich den Asteroiden jetzt mal wieder schrumpfen lassen. Genial, oder?
SCHLURPS!
Man platziert ein Steinchen, und sobald ein Schiff in die Nähe kommt...
...vergrößert man den Winzling und das Schiff hängt rettungslos fest! **Hehe!**
WUPP!
Na bitte! Da hast du es gehört, Schatz! Es war, wie ich gesagt habe... der Komet war plötzlich da.
Auf geht's, Piraten! Uns kann nichts und niemand stoppen! **Hohohooo!**
BONK!
Der trägt nicht nur sein Kostüm, der lacht auch noch wie der Weihnachts-mann!

Als Superheld ist es meine Pflicht, stets mit Härte gegen Schurken aller Art vorzugehen!
ZOSCH!
Vor allem, wenn sie den Namen des besten und gutmütigsten Wesens im Universum in den Dreck ziehen!
PUST!
KRACK!
Gutmütig? Ha! Wenn ihr Erdlinge die ganze Wahrheit kennen würdet, hättet ihr auch Angst vor dem Weihnachtsmann!
ZROSCH!
Hmpf! Unsinn! Er ist großherzig, freigiebig, lieb zu Kindern, nett und...
BUMM!
Pah! Er ist so nett, dass er alle Erdlinge zu Sklaven gemacht hat!

„Auf meinem unge-
ehmigten Urlaub vom
aumknast hab ich es
mit eigenen Augen
gesehen...“
IJIJIII...
„Ich flog zu dem
Planeten, den
ihr Erde nennt...“
Mein untrüglicher Riecher
verriet mir sofort die
nwesenheit eines mir sehr
ähnlichen Charakters.“
Eine
kleine Spende
für Weih-
nachten!
Frohes
Fest!
„Er war von kräftiger
Statur, hatte einen
ollbart und alle nannten
ihn Weihnachtsmann.“
Bitte! Ist das
genug?
Nimm das,
Weihnachts-
mann!
Ich will
ihm auch
was geben!
ANGEBOT

„Sein hypnotisches Lachen und seine Glocke zwangen die Erdlinge, ihm alles Geld zu geben, das sie hatten."
DING! DILING!
Frohes Fe
„Da dachte ich bei mir, wenn ein Weihnachtsmann einen Planeten ausnehmen kann..."
„...können viele Weihnachtsmänner die gesamte..."
Hoho-hooo! Ho! Ho!
...Galaxis ausrauben! Und so gründete ich, Orion, die interstellar tätige „Weihnachtsbande von Pegasi 5"!
ZRAPP!
Ich glaube, du hast da etwas grundsätzlich falsch verstanden, Orion.
WUPP!

Was du gesehen hast, war ein Erdling in einem Kostüm, der Spenden für Kinder von weniger Begüterten gesammelt hat. Weiter nichts.
Und die Leute spenden an Weihnachten gerne, weil sie etwas Gutes tun wollen.
ZUSCH!
Pah! Und wenn schon! Bald wird der Name „Weihnachtsmann“ die Galaxis in Angst und Schrecken versetzen!
Schnaub! Nicht wenn ich dich aufhalte! Und genau das werde ich jetzt tun!
ZAPP!
Ja, setz nur deine Superkräfte ein! Mein Roboter saugt sie nämlich auf und speist...

...damit sein Schutz-schild. Deine Schläge sind also völlig wirkungslos!
BONG!
Das gilt auch für deine Waffen. Du hast verloren! **Hehe!**
ZUSCH!
ZUSCH!
BOMM!
Und nun hör auf, mich zu nerven. Ich hab ein Raum-schiff zu entern.
DRRR!
Ho! Ho! Hooo!
Ächz! Die sollten uns lieber mal zu einem Fortbildungskursus für Situationen wie diese verdonnern. Der wäre dann wenigstens praktisch anwend-bar.

„Wenn Orion den Geist der Weihnacht zerstört, wären die Folgen katastrophal!“
Buuuh!
Hau ab!
Doch wie kann ich das verhindern? Ich bin nur mehr ein Schatten meines superhelden-haften Selbst!
Ich hab's! Wenn Superkräfte nicht weiterhelfen, muss es eben auch ohne gehen.
ZISCH!
Und wenn ich mich nicht allzu sehr ver-rechnet habe...
...müsste die Zaubernuss genau jetzt ihre Wirkung verlieren. **Hjuck!**
POFF!

Ich möchte wetten, der Roboter kann mich gar nicht wahrnehmen...
...da ich jetzt ja einfach nur Goofy bin.
SURR!
Na bitte! Als Normalo hat man es manchmal doch leichter.
VRRR!
Nun brauche ich nur noch auf Orions Rückkehr zu warten und ihn mit meiner wirkungsvollsten Waffe auszuschalten.
VRRR!
Ho! Ho! Hooo!
Mit meiner Riesenquadratlatsche mit garantiertem Betäubungseffekt!

Die alten Methoden sind eben oft die besten.
Blbb!
Und nun kann ich auch wieder in Ruhe ein Nüss-chen naschen.
nd...
Wisst ihr, wo das nächstgelegene galaktische Gefängnis ist?
Ähm... also... ich...
Ich zeig's ihm. Du verirrst dich ja sogar in unserer Wohnung.
Warum mussten wir auch eine mit 200 Zimmern nehmen!
So...
Danke, Supergoof! Nach dieser Bande suchen wir schon lange.
STRAFKOLONIE GALAKTRAZ

Sobald ich wieder auf der Erde bin, schicke ich euch per Kosmo-Mail einen Film über den Weihnachtsmann. Dann wird Orion hoffentlich einsehen, dass er sich geirrt hat.
Uff! Jetzt aber auf dem schnellsten Weg nach Hause. Ein Glück, dass ich die Geschenke nicht verloren habe.
Hm! Jetzt wär's gut, wenn ich rascher als das Licht reisen könnte. He, Augenblick mal!
Dieser Streber von Staubmann hat doch im Unterricht behauptet, man müsse nur ein Wurmloch finden und...
ZUUUSCH!

TA-DAH!
Vom Pegasussystem zur Erde in nur 12,5 Sekunden! Damit hab ich garantiert jeden olympischen Rekord der Galaxis gebrochen.
Ich ziehe nur noch rasch mein Weihnachtsmann-kostüm an...
...und ab geht's zu Alfons.
WROMM!
?

Onkel Goofy! Da bist du ja endlich! Aber wozu diese seltsame Verkleidung?
Na, weil Weihnachten ist. Wie du siehst, hab ich es nicht vergessen.
Nach einer kurzen Erklärung...
Tja, wenn du den Kurs nicht geschwänzt hättest, wäre dir klar, dass Reisen mittels Wurmloch ganz erstaunliche Nebenwirkungen haben.
Die Zeit in so einem Wurmloch vergeht nämlich bedeutend rascher als die Zeit auf der Erde. Im Wurmloch selbst bemerkt man das gar nicht. Aber die Zeitspanne, die dir vermutlich wie ein paar Sekunden vorkam...
...bestand hier auf der Erde aus ein paar Monaten. Folglich ist das Weihnachtsfest leider längst vorbei. Bitte sehr! Ich wünsche dir frohe Ostern, Onkel Goofy!
Hihi!
!

Gaja Arrighini (Story), **Andrea Freccero** (Zeichnungen)

Also bis bald, meine Beste!
Ja, wir sehen uns. Frohes Fest wünsche ich!
Schnaub!
Hrmpf!
Ein Kochbuch in Zeiten des Pizzadienstes. Peinlich.
EIGENER HERD IST GOLDES WERT
Ein Pullover mit acht Armen. Da krieg ich doch zu viel! Künstlerisches hat in der Mode nichts verloren, finde ich.
Das Ding taugt höchstens für einen unterkühlten Kraken! So etwas ärgert mich.
Hallo, Gitta! Was hast du denn da Schönes!

Schön ist anders, Kuno! Das ist das übliche scheußliche Geschenk meiner Freundin Daliá.
Daliá?
Ihr Künstlername. Sie hat eine Vorliebe für den Surrealismus, stell dir vor.
Na, wenigstens musst du beim Reinschlüpfen nicht nach dem Ärmel suchen.
Das Schlimme ist, ich muss das Ding tragen, sonst ist Daliá beleidigt.
Davor graut mir jetzt schon! **Schnüff!**
SPIELWAREN
Und wenn mein Bertilieb mich so sieht, hält er mich für eine Wolleverschwenderin!
Genug, Gitta!
Warum sagst du deiner Freundin nicht einfach offen und ehrlich, dass dir ihr Geschenk nicht gefällt?
Aber wo denkst du hin, Kuno? Das gehört sich nicht!
Das weiß ich auch, Gitta, aber überleg doch mal... wohin führt diese ganze verlogene weihnachtliche, nun ja... Diplomatie?

Zu allen versuchen wir, nett zu sein, nur wir selbst kommen dabei zu kurz! Sieh dir zum Beispiel den da an!
Scheint reich beschenkt worden zu sein, der Ärmste!
Seufz! Warum müssen auch alle meine Freunde beim Zirkus sein?
„Wir bleiben stets freundlich und platzen fast vor Wut!“
Haben Sie es nicht etwas weniger geziert?
A-aber sicher!
„Man schluckt es runter...“
Iss! Du musst doch noch wachsen!
Ich werde nächste Woche vierzig!
„...stumm leidend.“
So ein braver Bub! Das freut die Oma aber!
SCHMATZ!
WUSCHEL! WUSCHEL!
Seufz.

Aber wer immer nur anstaut, kann sich des kommenden Dammbruchs sicher sein.
Zu Hilfe! Was ist denn das?
Eine überwältigende Auswahl, Madame.
MODE
BOUTIQU
Aber, Männe, was machst du? Hol mich hier raus!
Warum? Da drin hast du jede Menge Opfer, die du nach Herzenslust mästen kannst!
Ich will nicht mehr brav sein! Brav sein ist blöd!
ZWICK!
Autsch!
Weihnachten macht uns nicht zu besseren Menschen.
Nein, das können wir nur selbst. Aber das ist schwer.
Um Weihnachten wahrhaft zu erleben, muss man mit ruhiger Seele dabei sein.

Stattdessen lächelt man hektisch, obwohl man so wenig zu lachen hat, dass man heulen könnte.
Man tut so, als ob man sich freut, und ist froh, wenn es vorbei ist.
Pausenlos zeigt man die Zähne...
...und darf doch nicht beißen!
Man ist höflich zur noch so entfernten Verwandtschaft...
...obwohl die einem die gute Stube versauen, weil sie zu faul sind, sich die Füße abzutreten. Und ihre Brut kann man eh nicht leiden.
Man ist verpflichtet, an irgendwelchen faden Familiengelagen teilzunehmen.
Ein ganzes Jahr strenge Diät für die Katz! **Schnüff!**
Grauenvoll, wenn man sich das alles vor Augen führt. Was kann man da bloß tun?
Na ja, eine Lösung für das Problem kann ich mir vorstellen.
Und die wäre?

„Einfach die Wahrheit aussprechen! Immer mehr Stars tun das zurzeit. Es ist eine richtige Bewegung geworden."
Falls ihr wissen wollt, Leute, warum ich immer weiße Sachen trage... na, weil ich Schuppen habe ohne Ende!
Oooh!
„Wenn man ein Problem anspricht, ist es fast schon keines mehr!"
Das war nötig! Jetzt geht's mir besser!
Wahrheit ist cool!
PATSCH! PATSCH!
KLATSCH! KLATSCH! KLATSCH!
Ja, es zahlt sich in jedem Fall aus, die Wahrheit zu sagen.
Auch wenn sie nicht das ist, was die anderen eigentlich erwarten?
„Auch dann."
Glaubt bloß nicht, dass ich das bin, in dieser Szene. Da müsste ich ja lebensmüde sein!
Super!
Aber eben haben Sie den Preis für den mutigsten Schauspieler bekommen!
Das ist Mut!
Ist er auch, weil er die Wahrheit sagt!
Bravo!
Genau!

Und so...
Da haben wir schon einen, der uns braucht.
BANK
„Übermorgen ist Heiligabend, aber er schuftet bis spät in die Nacht in seinem Büro...“
„Und nimmt noch Arbeit mit nach Hause.“
Sein Auto steht schon ewig hier, zugeschneit, wie es ist!
Ein schöner Abend heute, nicht?
Man fühlt sich beschwingt vom Geist der Weihnacht!
Ähem... gewiss, Sie sagen es.
Ich bitte Sie, guter Mann, wem wollen Sie etwas vorgaukeln? Für Sie ist doch heute ein schrecklich trüber Abend!
Äh, ich...

Seien Sie ehrlich!
Sie haben recht! Ich schiebe massenhaft unbezahlte Überstunden für die Firma, aber mein Chef nennt mich seit Jahr und Tag Meier, obwohl ich Müller heiße.
Das ist aber nicht alles, oder?
Nein! Mein Kleinwagen ist eine Kühltruhe und ich hab die Brieftasche verschlampt!
Ich hab so eine Wut! Und Weihnachten geht mir am Allerwertesten vorbei!
Ups! Das war ein Scherz!
Nein, er sagt die Wahrheit! Und dafür verdient er unsere Hochachtung!
Wir alle müssen lernen, die Wahrheit zu sagen, wenn wir wirklich bessere Menschen werden wollen!
Ach?
Echt?

Wie fühlen Sie sich jetzt, Herr Meier?
Müller... und ziemlich viel besser!
Endlich bin ich mal alles losgeworden, statt es in mich reinzufressen.
Bei Herrn Knäul und mir dürfen Sie all die Dinge aussprechen, die Sie quälen!
Die fiesen Stachel aus dem Fleisch Ihrer einfühlsamen Seele ziehen.
Die lebenslange Last der angelernten Freundlichkeit von sich werfen.
Ja, Herrschaften, wer etwas zu sagen hat, der sage es, anstatt für immer zu schweigen!
So wird uns die kommende Weihnacht rein und klar wie frisches Quellwasser vorfinden!
Tags darauf...
Sie verstehen sicher, was ich sagen will, nicht?
Eher nicht! Sie müssen sich schon klar ausdrücken, mein Bester, das ist Sinn der Übung!
GITTA GANS & KUNO KNÄUL FREISPRECH-BÜRO

Ich habe... hüstel... ich habe...
Nur Mut!
Es will raus!
Ich habe mich vergriffen!
Statt des Haargels hab ich Klebstoff erwischt. **Seufz!**
Das erzählen Sie jetzt auch Ihren Freunden...
...anstatt ihnen weiszumachen, Sie seien von außerirdischen Frisören entführt worden!
Gut, ich wage es!
Bravo, junger Freund! Man muss zu seinen Fehlern stehen!
Ja, aber meine Haare... seufz.
T
Sehen Sie es positiv! Man wird Sie um eine derart haltbare Frisur beneiden!
POCH!
Hehe!
POCH!

Ein neuer Fall...
Sagen Sie es ihr!
Keine Bange, wir sind ja da!
ZU VERKAUFEN!
Tante Berta, dieses Jahr schmücke ich den Baum nicht. Ist mir zu gefährlich.
Bitte?
Aber das geht nicht! Das ist Tradition in der Familie!
Dann breche ich mit der Tradition! Mich bekommt ihr auf keinen Baum mehr!
„Ich hab's nie zugegeben, aber ich leide unter Höhenangst!“
Ächz!
Hübsch macht er das!
Bravo!

Und wenn wir den Baum hier nehmen würden?
Na, in dem Fall mache ich es doch.
Lieber spinnerter Neffe!
Liebe durch-geknallte Tante!
Siehst du? Das ist der wahre Geist der Weihnacht!
Das Prinzip Wahrheit greift um sich...
Ich bin der Boss und ein harter Brocken, aber ich mag Gänseblümchen! Irgendwelche Einwände?
Aber nein! Ich mag Rosen!
Und ich Orchideen!
Und ich Knob-lauch!
Und andern-orts...
An Silvester heißt es: er oder ich!
Was soll der Unfug? Wir ha-ben doch immer nett gefeiert zu dritt!
Ich hab es ge-hasst, nur damit du es weißt!
Waaas? Aber wieso denn?

Weil ich mir so gewünscht habe, mal richtig schick mit dir auszugehen!
Echt? Warum hast du mir das nie gesagt?
In dem Fall passt meine Mutter sicher gern auf unseren Brutus auf!
Hurra!
So?
Nein, ich passe nicht auf das Biest auf. Schon gar nicht gerne.
Aber, Mama!
?!
Seit ich den Ratgeber von Gitta und Kuno gelesen habe, bin ich für absolute Offenheit. Und offen gestanden verabscheue ich Katzen!
Ups!
WAHRHEIT HEILT
Und so...
Die Zufriedenheit des Kunden sollte uns gelegentlich ein kleines Opfer wert sein, Kuno.
Seufz.
Miau!

Auch die Hartnäckigsten bleiben nicht unberührt...
Es ist mir peinlich, wenn meine Lieben mich immer so reich beschenken!
Peinlich ist nicht das passende Wort, weil Ihnen das peinlich ist!
GITTA GANS & KUNO KNÄUL FREISPRECH-BÜRO
Wie meinen bitte?
Ich meine, dass Sie Geschenke aus einem anderen Grund nicht mögen, hab ich recht?
Also gut, ja! Der Zwang, die Schenkenden ebenfalls zu beschenken, geht so furchtbar ins Geld!
Und genau das werde ich öffentlich kundtun! „Sparen im Wahren“, soll fortan mein Motto sein!
So sind Sie Sie selbst!
Stimmt, aber wie konnten Sie das erspüren?
Das war gar nicht schwer, glauben Sie mir.

„Ich habe meine Erfahrungen auf diesem Gebiet."
Sie müssen nicht so misstrauisch schauen, Herr Duck. Ich will Ihnen nur etwas erklären.
Was Erklärung nötig hat, spricht nicht für sich selbst und ist daher mit Vorsicht zu genießen!
Aber in diesem Fall ist es ganz harmlos und kostet Sie zudem nicht einen Kreuzer!
Sie können bei der Sache nur gewinnen!
Eine Redewendung, der für gewöhnlich herbe Verluste folgen.
Ihre Partnerin sollte das wissen.
Wo wir von Gitta sprechen...
Können Sie mir offen ins Gesicht sagen, dass Sie sie niemals mit Wohlwollen betrachtet haben?
Äh...

Spucken Sie die Kröte nur aus.
Nun ja, mag sein. Vielleicht ein Mal... von hinten... von Weitem.
Alter Schwind-ler!
Na schön! Meinetwegen! Viel-leicht auch ein paar Mal von der Seite! Oder von vorne, wer kann sich so was schon merken?
Gute Güte! Das habe ich noch keinem ge-standen. Nicht mal mir selbst.
Und? Wie fühlt es sich an?
Unaussprechliches aus-zusprechen wirkt Wunder. Ich fühle mich frisch, in Form und voller...
KNARZ!
...Tatendrang! Fang an zu flattern.
Wi-wieso?
„Weil es sich dann leichter fliegt!“
Hinaus!
PFUMP!
PFOMP!

Juhuuu! Ich bin ja so glücklich! Das Leben ist wunderbar, und das kurz vor Weihnachten!
Röchel.
NICHT HERUM-
Genug Zeit mit den sanften Seiten des Seins verplempert!
PATSCH! PATSCH!
WEG DA!
Stimmt! Wir haben gleich eine Verabredung mit Klaas Klever. Bin gespannt, was er uns zu sagen hat!
Und bald...
Meine Radiostation ist bereit, die Wahrheit kann auf Sendung gehen!
Nur Mut, Herr Klever, es tut nicht weh!
Guten Tag! Hier spricht Klaas Klever! Wie Sie wissen, ringe ich ständig darum, Dagobert Duck an der Spitze der Finanzwelt abzulösen, aber...
KK
...im Grunde graut es mir vor der Vorstellung, die Nummer eins zu sein! All der Druck, es auch zu bleiben, all die Verantwortung!
Da bleibe ich lieber, was ich bin, und genieße heimlich meine vermeintlichen Niederlagen!
GAZETTE

Und was meinen Hut betrifft...
Was ist damit?
Ein hübscher Deckel!
Ja. Und ich liebe es, ihn zu verspeisen! **Mjam!**
Über Geschmack lässt sich nicht streiten. Jedenfalls ist es eine ballaststoffreiche Diät.
Ein frohes Fest wünschen wir, Herr Klever... und gesegnete Mahlzeit!
Nach diesem Moment der Wahrheit fühle ich mich zum ersten Mal seit Langem wieder wohl!
ann...
Wollen wir denn auch heute arbeiten, Kuno?
Sicher, es ist Heiligabend. Aber unsere Arbeit ist wichtig für Entenhausen... und für unsere Finanzen!
Im Ernst, Kuno, ich habe das Gefühl, dass sich die Atmosphäre in der Stadt schon deutlich reiner anfühlt als zuvor!
Schau dir das an, Gitta!

All die Lasten, die die Menschen losgeworden sind, haben sich dort oben zu Wolken verdichtet!
So seltsame Formen hab ich noch nie gesehen!
He! Man könnte meinen...
POFF!
...sie lösen sich auf!
Toll!
Was ist denn das?
!
Goldener Schnee!

Unglaub-
lich!
Aber
wahr!
Nun, da unsere Seelen rein sind, kann er gerne kommen, stimmt's, Kinder?
Aber
immer!
Es dauert
auch
nicht mehr
lange!
Doch...
Schnauf!
Hier bin ich! Wo ist der goldene Schnee?
Schon wieder geschmolzen!
DING! DONG! DONG!
Gleich wird derjenige hier sein, auf den wir alle warten.
Hm!
Genau genommen ist er bereits zu spät dran. Eigenartig.
Versetzt er uns etwa, obwohl wir endlich bessere Menschen geworden sind?
Das wäre aber gemein!
Wo ist er?
Ja, wo ist der...
...Weih-
nachts-
mann?
Ende erster Teil.

Eine berechtigte Frage, zu deren Beantwortung wir unseren Blick nach Norden wenden müssen. Sehr weit nach Norden...
WALT DISNEY
Weihnacht der Wahrheit
Teil 2:
An Weihnachten wollen sie immer alle bessere Menschen sein! Pah! Ich bin viel zu nett!
Aber du bist auch...
J-2509-1B

Ich weiß, wer ich bin, aber ich hab's satt! In diesem Jahr kriegen mich keine zehn Rentiere aus meiner warmen Stube!

Jnd in Entenhausen...
Ich kenne des Rätsels Lösung und teile sie gerne der Allgemeinheit mit!
Fasst euch in Geduld! Das ist Zelda Zuschwall, die Vorsitzende der Vereinigten Klatsch und Tratsch*!
!
*Interessenverband zur Erhaltung nicht digitaler Informationswege.
Ich hatte chon das rgnügen."
...und denken Sie nur, Gitta, da erfahre ich doch über die Kusine des Schwippschwagers meiner Stiefschwester...
Ach ja?
...schwafel... bla, bla... doch das ist bei Weitem noch nicht alles, nein, Sie müssen sich vorstellen... bla, bla, bla... schwall...
Ich würde mildernde Umstände kriegen...
Ich weiß aus sicherer Quelle, dass der Weihnachtsmann in einer Persönlichkeitskrise steckt!
Was?
Eine Stunde angestrengtes Weghören und dann das!
Furchtbar!
Das ist schlimm!
Wir müssen etwas unternehmen!

Ja, aber was? Und wer?
Wer könnte dem Weihnachtsmann aus seiner Krise heraushelfen?
Was für eine Frage.
Die beiden natürlich!
Wir?
Hier, für die Reise ein wenig Gebäck!
Und das Gepäck!
Äh...
SCHOKO-WAFFELN
Sie dürfen sich nicht weigern! Der Weihnachtsmann braucht Ihre Hilfe!
Ich stelle Ihnen meinen Turbojet zur Verfügung! Der ist in zehn Minuten startklar!
Und was tragen Sie zur Rettung der Weihnacht bei, Kollege Duck?
Nun, wenn Sie mich so fragen.
Ich reibe tüchtig meinen Zehner! Das bringt Glück!
Und kostet mich keinen kümmerlichen Kreuzer! Hihi!

Daher...
WUSCH!
DRÖÖÖHN!
Pfah! Ich habe Gittas Abschiedskuss zu spät kommen sehen!
Viel Glück!
Nicht lange danach...
Beim Landen hätt's ein wenig weniger Turbo auch getan.
O ja.
Wir sind am Ziel!
In diesem Häuschen dort lebt der Weihnachtsmann!
Sehr weihnachtlich wirkt das alles nicht. Und die Rentiere fangen vor Langeweile bald das Stricken an, das merkt man.
Was da aus dem Kamin dampft, sieht dagegen eher nach Wut aus.
RENTIER-KURIE...

Wir langweilen uns nicht, wir streiken!
Ihr könnt sprechen?
Selbstverständlich!
Wir sind magische Rentiere! Aber trotzdem haben wir unsere berechtigten Bedürfnisse!
Aber ja! Was ist denn das Problem?
Ach, drüber reden bringt doch nichts!
Doch, das tut es! Glaubt einem Experten!
Na ja, unsere Arbeitsbedingungen sind unerträglich!
Man erwartet von uns, dass wir an einem einzigen Tag so viel leisten wie andere in einem Jahr!
Und dabei stehen wir nicht mal im Training! Das schlaucht ganz schön!
Muskelkater ohne Ende!
Dagegen ist auch auf dem Gebiet der Magie noch kein Kraut gewachsen.
Ich kenne einen prima Trainer, den könnte ich euch vorbeischicken!
Wunderbar! Das wäre genau das, was wir schon lange brauchen!

Also, ich hab keinen Schinder nötig, ich bin perfekt in Form!
Fein! Dann trete ich dir gern meinen Platz in der ersten Reihe ab!
Bravo! Das nenne ich Teamgeist!
Tja, zugegeben, drüber reden tut gut. Darauf kommt man halt nicht von selbst, so als Rentier.
Gut, das wäre erledigt! Nun lass uns endlich den Weihnachtsmann suchen gehen, Gitta!
SPIELZEUG-FABRIK WEIHNACHTSMANN
Schnüff! Seufz!
Hörst du das, Kuno? Da jammert doch jemand vor sich hin!
Du hast recht!

Darf man eintreten?
KNIRKS!
Ja... ach!
Wer seid ihr?
Woher kommt ihr?
PROOOT!
Was sucht ihr hier?
Äh... den Weihnachtsmann!
Könnt ihr uns vielleicht verraten, wo wir ihn finden?
Er ist weg!
Für die armen Kinder... und auch für uns! **Seufz!**
Die ganze Arbeit umsonst! Was für eine Enttäuschung!
LUKAS
Er hat uns im Stich gelassen! **Buhuuu!**
Nach all den Jahrhunderten! **Schnüff!**
Er mag uns nicht mehr! **Schluchz!**
Das dürft ihr nicht denken!
Bestimmt hat er ein Problem, das sich lösen lässt!
Warum sagt er nichts? Er weiß doch, dass wir alles für ihn tun würden!

Sehr viel später...
Unfassbar! In diesem Häuschen sind Hunderte von Räumen!
Aber kein Weihnachtsmann!
SCHNEIDER ELF
Schau mal, Gitta! Was ist das denn?
Mach auf!
!
KLICK!
ZOING!
Oh!
Ich würde wetten, dass sich unser geliebter Weihnachtsmuffel hier vor seinen Pflichten versteckt!
Ganz schön gerissen! Aber mit uns hat der Gute nicht gerechnet!
KNARZ!
Offenbar ein Keller!
Kalt ist es hier!

Und stock-finster!
Recht wohl will mir nicht sein, Gitta.
Uaah! Ein Keller-monster in Maske!
Wer wagt es, meine Kreise zu stören?
Der Weih-nachts-mann!
Ist es denn zu fassen?
Verschwindet, wer immer ihr seid!
Moment! Lass uns darüber reden!
Was zu sagen war, ist ge-sagt! Ich bin fertig mit Weih-nachten! Ich habe gewisser-maßen gekündigt!
Das verstehen wir gut! Weihnachten ist nicht einfach!

Schon die Forderung, dass alle besonders nett sein sollen!
Genau. Ein Albtraum für mich und die Elfen.
Weihnachten ist Stress pur und natürlich liegen die Nerven blank! Aber wir dürfen nicht mal die Stirn runzeln!
Stellt euch vor, der Weihnachtsmann verpasst seinem Schlitten einen Tritt, weil es ihm nicht schnell genug geht.
Oder ein Elf flucht fürchterlich, weil er sich in der Hektik auf den Finger gehämmert hat.
Aber so was geschieht! Auch ihr habt ein Recht, euch aufzuregen!
Und gute Gründe.
Ganz zu schweigen von den falschen Weihnachtsmännern!
Im Gegenteil! Erzähl! Es wird dir guttun!

Wenn ich an diese Hochstapler denke, die sich ein Kissen vor den Bauch binden und mich nachäffen!
Verstehe.
Es ist eben nicht jeder so eine beeindruckende Erscheinung wie du!
Meinst du, das liegt nicht nur an dem roten Gewand?
Ich finde es furchtbar auffällig. Schlimm, wo ich im Grunde so schüchtern bin.
Einer wie du kann doch alles tragen!
Nein, ich glaube, im grauen Anzug würde mich keiner erkennen. Oder, wenn ich eine neue Frisur hätte.
Seufz! Frisuren... ach ja! Ich wäre für mein Leben gern Frisör geworden.
Was?
Vielleicht wäre ich ein echter Künstler am Kopfe geworden und nicht bloß ein besserer Postbote.
So darfst du das nicht sehen!

Wer hätte das gedacht!
Weißt du was? Ich finde, er sollte sich einmal als Frisör versuchen, damit er die Fantasie loslassen kann!
Ähem... wie wär's, wenn du mir die Haare richtest? Die haben es dringend nötig!
Na, wenn du meinst...
Mit Vergnügen!
SCHNIPP! SCHNIPP!
SCHNAPP!
Und so...
Fertig! Und? Was sagst du dazu?
Mi-mir fehlen die Worte.
Ach, ich bin ja so glücklich! Nun weiß ich wenigstens, dass ich tatsächlich das Talent zum Frisör habe!
Jetzt aber los! Rund um den Globus werde ich sicher schon sehnsüchtig erwartet!
Höre ich recht?
Du hängst den Weihnachtsmann nicht an den Nagel?

Ganz im Gegen-teil...
Es gibt doch keinen schöneren Be-ruf auf der Welt als den meinen!
Er wollte es einfach nur aus-probieren!
Zum Glück!
Juhu! Alles wieder in Ordnung!
Ich hoffe, das bleibt es auch!
Darauf würde ich wetten! Schon weil ich eine Idee habe, wie sich da nachhelfen lässt!
Wo willst du hin?
Zu den Elfen. Die müssen für meinen Plan den Kopf hinhalten, sozusagen!
Des-halb...
Weil es dich so sehr freut, lieber Weihnachts-mann...
...darfst du uns künftig die Haare schneiden, wann immer du willst! Gegen einen ge-pflegten Elf ist schließlich nichts einzuwenden.
Wie gefällt dir die Idee?
Ich bin gerührt! **Schnüff!**

Und ich glaube, ich kann nicht widerstehen.
SCHNIPP! SCHNAPP! SCHNIPP! SCHNIPP! SCHNIPP! SCHNIPP! SCHNAPP!
„Fein, dann kann es ja losgehen!“
Wer hat doch gleich diese geniale Idee gehabt?
Kuno Knäul heißt der Mann.
Erinnert mich daran, dass ich ihn von der Liste streiche.
So erhebt sich der magische Schlitten in die Lüfte...
Wie ich es liebe zu führen!
Aber siehst du mit der Brille überhaupt, wohin du führst?
Fensterglas. Aber modisch macht sie was her, oder?

Und was wird aus Gitta und Kuno?
ZAPP!
Sie sind wieder da!
Aber sie sind doch eben erst losgeflogen!
Wie kann das sein?

Das macht die Magie der Weihnacht!
Hohoho!
DING!
DILING!
Und wo ist mein Flugzeug?
Schenken Sie sich ein neues zu Weihnachten!
Das wollen die Leute nun mal hören!
Hurra! Der Weihnachtsmann ist da!
Und bringt unsere Geschenke!
Schnell nach Hause!

Lass uns auch gehen, Kuno. Ich will dir dein Geschenk überreichen.
Ich habe auch an dich gedacht, Gitta!
Es kommt, wie es kommen muss...
Denken war nie deine Stärke. Ich kann doch gar nicht schwimmen!
Ups!
Dafür ist dein Bild auch scheußlich. Das kommt in den Schrank zum Mottenvertreiben!
Schön, dass es dir gefällt!
TRÖT! TRÖÖÖT!
Was soll denn das?
Keine Ahnung. Sehen wir doch mal nach.
Toll! Ein nagelneuer Lieferwagen! Ist der etwa für uns? Das nenne ich ein Weihnachtsgeschenk!
Da klemmt eine Karte unter dem Scheibenwischer!

So einen hätte ich manchmal auch gerne, statt dieser Horde von gehörnten Dickschädeln...
Aber dann hänge ich halt doch an ihnen.
Frohe Weihnachten!
Frohe Weihnachten euch allen!
TROOT!
TROOOT!
TRÖÖT!
ENDE